安徽省高校人文社会科学研究重点项目：概率主观解释及其决策悖论研究
（项目批号：SK2014A256）
安徽师范大学研究生教育教学改革研究重点项目
（立项编号：2014yjg034zd）

主观主义概率观研究

ZHUGUAN ZHUYI GAILü GUAN YANJIU

季爱民 著

安徽师范大学出版社
·芜湖·

内容提要

本书是对主观主义概率观的专题研究，共分为五章，即引论、概率即部分信念、拒斥客观概率、主观主义概率观合理性探讨、主观主义决策理论及其困境与出路，内容涵盖主观主义概率观的不同学派不同代表人物的主要观点，涉及哲学、逻辑学、决策学等学科。

本书既适合高等院校、研究机构中从事哲学、逻辑学、决策学等研究的人员使用，也适合对主观主义概率观感兴趣的其他学科读者阅读。

图书在版编目(CIP)数据

主观主义概率观研究 / 季爱民著. —芜湖：安徽师范大学出版社，2016.5（2025.1 重印）
ISBN 978-7-5676-2000-1

Ⅰ. ①主… Ⅱ. ①季… Ⅲ. ①主观－概率逻辑－研究 Ⅳ. ①B017

中国版本图书馆 CIP 数据核字(2015)第 122050 号

责任编辑：王一澜　孔令清　　　　装帧设计：桑国磊

主观主义概率观研究

季爱民　著

出版发行：安徽师范大学出版社

芜湖市九华南路 189 号安徽师范大学花津校区　邮政编码：241002

网　址：http://www.ahnupress.com/

发 行 部：0553-3883578　5910327　5910310（传真）E-mail：asdcbsfxb@126.com

印　刷：阳谷毕升印务有限公司

版　次：2016 年 5 月第 1 版

印　次：2025 年 1 月第 2 次印刷

规　格：700 mm × 1000 mm　1/16

印　张：10

字　数：165 千

书　号：ISBN 978-7-5676-2000-1

定　价：45.00 元

目 录

1 引论

20世纪20年代量子力学创立,玻恩对量子力学定律进行了概率统计解释,物理学家和物理史学家派斯称之为20世纪一个根本的科学变革。围绕量子力学的解释问题,爱因斯坦同以玻尔为首的哥本哈根学派之间发生了论战。最终,科学家和哲学家普遍接受这样一种观点:"科学定律实质上都是概率统计定律,反映自然界严格因果决定性的动力学定律不过只是概率统计定律的一种理想化或简化状态。"[1]如今不确定性已经成为人们关注的重要问题,概率已经深深地渗入自然科学、社会科学以及日常生活之中。但是,从概率问题产生之日起直到现在,对概率本身的理解一直没有取得一个一致的看法。

1.1 概率问题的由来

骰子问题是古典概率理论创立之源泉。人类很早就有概率思想的萌芽,源于几近人类第一个娱乐性发明——赌博。在用骰子进行博弈机遇中,"勤勉"的赌徒能够经验地觉察到机遇之间的细微差别。也正是源于骰子所引起的一系列赌博问题,尤其是德·梅勒提出的赌注分配和点数问题,引起帕斯卡尔与费尔马对排列组合方法重新探讨,由此进一步推动欧洲很多数学家对赌博问题进行研究。古典概率理论家尝试设定基本原则,运用各种方法从数量上对概率进行定义和计算。在这种背景下,古典概率理论逐渐形成并走向成熟。

可以认为,概率问题起源于赌博,概率论诞生于1654年。早在15世纪,意大利数学家帕乔利、塔塔利亚和卡尔当诺的著作中就涉及如何分配赌博中赌金的概率问题。类似的问题出现在1654年,数学家帕斯卡尔与费尔马通过书信对德·梅勒提出的一些赌博方面的问题进行了系列探讨。

法国人德·梅勒经常从数学的角度提出和思考赌博中出现的一些问题，从帕斯卡尔与费尔马的通信中，可以看出：1654年，德·梅勒向帕斯卡尔至少提出了两个问题。

第一个问题是赌注的分配问题。此问题可以简单地表述为：德·梅勒和一个对手掷骰子，每人各下赌金32枚金币。游戏规则：①两人事先各自选定一个要掷出的点数。例如，德·梅勒选定"6点"，他的对手选定"3点"；②两人轮流掷骰子，谁先掷出自己选定的点数3次，谁就获胜，得到所有的赌金。现在的问题是：由于意外的原因使得赌博终止，此时，德·梅勒掷了两次"6点"，而对手只掷出一次"3点"，他们应该如何分配这64枚金币呢？德·梅勒和他的对手各自提出了自己认为合理的分配方案。他的对手的方案是：他应该分得全部赌金的1/3，德·梅勒分得2/3。理由是：德·梅勒要再掷出一次"6点"才能获胜，自己如果再掷出两次"3点"也能获胜。既然他的机会是德·梅勒的一半，这样，他的所得应该是德·梅勒所得的一半。德·梅勒的方案是自己应该分得全部赌金的3/4，即48枚金币，他的对手分得1/4，即16枚金币。他的理由是：如果投掷再进行一轮，即使对手掷出"3点"，对他而言，最不利的结局也是不分胜负，各自收回自己的赌金，即32枚金币；但是如果自己掷出了"6点"，则可以获得全部64枚金币。这样，在进行下一轮投掷之前，自己已经获得了一半的赌金，并且自己还有和对手相等的机会分配剩余那一半赌金，因此对手只能获得全部赌金的1/4，即16枚金币，而自己应该分得3/4，即48枚金币。

第二个问题是骰子的点数问题。简而言之，如果同时掷两个骰子，押在哪个点数上赢的机会较大？德·梅勒认为，按照数学理论，既然4:6=24:36，那么，照此推论，用一个骰子投掷4次得到一个"6点"的机会应该和用2个骰子投掷24次得到两个都是"6点"的机会相等。但是，凭着赌博的经验，德·梅勒却发现用一个骰子连掷4次至少出现一个"6点"的机会较大，而用2个骰子同时掷24次，至少出现一对"6点"的机会却比较小。这使得他愤愤不平，认为算术学与实际情况是不一致的。

德·梅勒提出的第二个问题与古典概率理论的发展更加密切，帕斯卡尔与费尔马之间对此进行交流的第一封信丢失了，不过，这个著名的问题

包含在1654年7月29日的信中。在信中,帕斯卡尔说:

"我没有时间提供给你极大地困惑德·梅勒的这个问题的证据,虽然他很有能力,但是他不是一个几何学者(正如你所知道的,这是一个很大的缺陷),不相信它(点数)可以由有限数目的点组合而成,不能理解数学排列能够分割成无限,并且我已经没有办法使得他摆脱这个想法。如果你能做到,你将使他感到完美。

他告诉我,他在算术理论里发现了一个谬误,原因是:

如果一个人用一个骰子得到一个'6点',那么投掷4次可能得到的机会是671:625。

如果一个人投掷2个骰子得到2个'6点',那么投掷24次可能得到的机会却比较小。

然而,24:36(这是2个骰子得到的那一面的一对点数)=4:6(这是一个骰子得到的那一面的点数)。

这使得他很愤怒,使得他对大家说这个命题与实际情况是不一致的,算术是有自身矛盾的。"[2]5

我们可以看出,帕斯卡尔自己对此也相当迷惑不解,觉得自己不能给德·梅勒一个能解决问题的回答,转而希望费尔马能够对这个极大地困惑德·梅勒的难题给予一个满意的答复。

对德·梅勒的这个问题,可以这样理解:用一个骰子掷一次没有得到"6点"的机会是5/6,这样一来,用一个骰子投掷4次没有得到"6点"的机会就是 $(5/6)^4$,因此,德·梅勒所说的用一个骰子掷4次得到一个"6点"的机会是 $1-(5/6)^4=671/1296>1/2$;类似地,用2个骰子掷24次得到一对"6点"的机会是 $1-(35/36)^{24}=0.4914<1/2$。德·梅勒内心很矛盾,因为他根据自己的理论方法对此进行计算,推论出用2个骰子掷24次得到一对"6点"的机会应该和用一个骰子掷4次得到一个"6点"的机会相等,但是,他从赌博的经验又觉察到这个机会应该比1/2小,也就是说,他可以凭经验对概率为0.4914和概率为0.5进行区分。正如大卫所言:"很明显,德·梅勒爵士是一个'勤勉'的赌徒,这使得他可以凭着经验在概率为0.4914和0.5之间进行辨别,也就是0.0086的差额。"[2]6

帕斯卡尔自己之所以不对德·梅勒的第二个问题给出解决方法，或许是因为他认为这确实已经不是问题，问题只是如何让德·梅勒能够理解。事实也确实是这样，早在帕斯卡尔时期的一个世纪前，意大利的卡尔当诺就发现了类似问题的解决方案。

卡尔当诺酷爱赌博，他不仅对赌博进行了系统的概率研究，而且结合自己的切身经验写出一本实际上已经包含概率论萌芽的著作《机会性游戏手册》。此书于1663年出版，书中曾提到一个类似的问题：用2个骰子的点数之和进行打赌，应该选择多少点下注最有利。卡尔当诺认为应该把赌注下在“7点”。因为同时掷2个骰子，骰子出现的情况有36种可能，它们点数之和有11种可能。卡尔当诺对各种点数之和出现的可能性进行分析后，发现出现机会最大的是点数之和为“7点”，一共出现了6次，它的可能性为6/36，是所有可能性中最大的，因此应该选择“7点”下注。

可以说卡尔当诺不仅是第一个把日常赌博中的骰子问题由经验提升到了理论层次，成为第一个系统推算概率的人，而且他的方法里还包含着古典概率定义的萌芽，即把事件出现的可能性大小表示为该事件可能出现的数目与所有可能的结果数目之比，这无疑包含着等可能性的思想。

费尔马对这个问题的回信不幸丢失，不过，从他们之后的通信中可以看出：虽然费尔马解决了这个困难，但是根据帕斯卡尔称之为“你的组合的方法”可以窥视出，费尔马所应用的方法应该和早期的意大利科学家伽利略关于一个类似问题的解决方法，在实质上是相同的[2]6。

在伽利略时代就已经有了组合的思想，伽利略在一篇《关于骰子游戏的思想》的文章中，回答了为什么10和9都可以被分割为3部分且有6种组合。10可以分割为(1,3,6)，(1,4,5)，(2,2,6)，(2,3,5)，(2,4,4)和(3,3,4)，相应地，9也分割为(1,2,6)，(1,3,5)，(1,4,4)，(2,2,5)，(2,3,4)和(3,3,3)。但是在同时掷3个骰子的时候，出现的点数之和为10与点数之和为9的机会却不一样。伽利略对此进行研究后，发现各种组合出现的机会并不相等。例如，对于9的一个分割(3,3,3)，只有一种组合(3,3,3)，而对于10的一个分割(3,3,4)，则可以有(3,3,4)，(3,4,3)和(4,3,3)3种组合。据此，他运用了等可能性事件的思想推导出：当掷3个骰子的时候，出现的点数之和为9的概率为25/216，而出现的点数之和为10的概率为27/216，因此出现10的机会应该比9大。可以说,他的方法和卡尔当诺有异曲同工之处。费尔马的方法也没有突破这个古老的排列组合方法,帕斯卡尔与费尔马这一时期可称为组合概率时期。

为什么像德·梅勒这样的赌徒能够觉察出不同的点数出现的机会有细微的差别,原因只能归结为人们对概率的认识已经有着相当长的一段时间,积累了丰富的经验。在后面,我们可以看到,人类在此之前一直就有概率思想的萌芽,这个历史甚至可以追溯到人类文明的开始。

帕斯卡尔与费尔马在对德·梅勒提出的问题进行的一系列通信探讨中,不仅各自提出了不同的解决方法,而且由此将问题的解决方法推广到更一般的情况。帕斯卡尔在《帕斯卡尔思想录》中,提出了一个著名的蕴涵了数学期望思想的对上帝是否存在进行打赌的论述。帕斯卡尔认为,上帝的存在是没有办法理解的,上帝的不存在也是没有办法理解的。"那么,就让我们来考察一下这个论点吧,让我们说:'上帝存在,或者是不存在。'然而,我们将倾向哪一边呢?……这里进行的是一场赌博,……你要赌什么呢?根据理智,你就既不能得出其一,也不能得出另一;根据理智,你就不能辩护双方中的任何一方。……是的,然而不得不赌。这一点并不是自愿的,你已经上了船。……既然非抉择不可,……让我们权衡一下赌上帝存在这一方面的得失吧。让我们估价这两种情况:假如你赢了,你就赢得了一切;假如你输了,你却一无所失。因此,你就不必迟疑去赌上帝存在吧。"[3]

从帕斯卡尔与费尔马的探讨中,可以看出他们解决问题的细节虽然有所不同,但是在基本原理上是相同的。他们都是根据等可能性事件思想,在数学上利用排列组合的方法来解决,帕斯卡尔因此被公认为古典概率理论的创始人。

不可否认,帕斯卡尔与费尔马这两位大数学家对德·梅勒问题的探讨,进一步刺激了当时欧洲很多数学家对相似的问题进行研究。荷兰的惠更斯得知他们通信的内容后,经过多年的潜心研究,利用数学期望解决了赌金分配的问题,于1657年发表了《论赌博中的计算》,这可堪称史上第一篇关于概率论的正式著作。按照哈金的说法,如果把惠更斯从他的环境中抽取出来,他似乎是20世纪的人物[4]58。因为惠更斯首先试图将概率公理化为一门演绎的科学，即“他是第一个尝试作为一个纯粹的推理科学来公理化概率”[4]58，设想一个人在不确定的情形下，如何用一个一般性的理论来定量决策以便决定自己的行动。因此，可以说早期概率论的真正创立者是帕斯卡尔、费尔马和惠更斯。

值得一提的是，莱布尼兹当时的想法和他同时代的人也不一样。哈金认为：“莱布尼兹虽然没有对数学概率做出贡献，但是他的概率的概念化(conceptualization)有着持久的影响。……莱布尼兹把数字的概率看作一个根本的认知概念。概率度就是确定度。因此，机会(Chances)学说不是关于赌博构成的物理特性，而是关于对这些构成的我们的知识。”[4]89因此，他认为对机会应该有一种方法去衡量它，他想用特征数字对其进行量化，以便决定它的精确比例，这就需要一种新的逻辑来对概率问题进行处理，“据说，是莱布尼兹首次在这个方向发表了建议”[5]1。不过，他的这种概率逻辑的思想仅仅是一种理论上的设想。

总之，古典概率理论缘于骰子所带来的一系列赌博问题。其实，早在德·梅勒问题之前的15世纪，数学家们就已经对掷骰子这样的偶然事件很感兴趣，开始探讨诸如如何分配赌注之类的问题，“在机遇博弈中，人们痛感到机遇大小的差别存在，而博弈机制的相对简单性又为从数量上进行定义和计算提供了可能”[6]。虽然，概率论创立于为大家所公认的1654年，它的由来似乎更应该放在人类对偶然事件有了最初的认识之时。在帕斯卡尔时期，人们突然提出了概率的观念，但是，作为对概率问题由来的探讨不仅要查找发生在1660年前后的事情，而且要思考为什么这个基本的概率概念会突然出现。

既然赌博是直接刺激概率理论建立的内在原因，那么可以说在赌博出现的时候，概率的思想就应该存在了，虽然那个时候赌博可能没有和数学相联系。大卫曾推测赌博可能是人类社会的一个最初的发明，人类玩骰子已经有几千年的时间了，希腊历史学家希罗多德的《历史》就记载了早在公元前1500年，古埃及人就曾聚集在一起掷骰子，人类最早使用的骰子是动物的骨关节，例如鹿、马、牛、绵羊和大羚羊的骨头。考古资料显示，在古埃及就已经发现了经过磨光和雕刻的骨头，参照在遗迹处的坟墓里发现的插图和记分牌，可以看出，这实际就是被用来赌博的“骰子”。相似的骨头骰子出现在苏美尔人和亚述人的驻地,这应该是最古老的骰子,因为到现在为止没有发现在古埃及人、苏美尔人和亚述人之前有赌博物品。虽然也发现了旧石器时代的骨头制品的化石,但是那些骨头制品只能是工具,而不能是赌具,因为它们都很巨大[4]1-2。因此,人类概率思想的萌芽可以沿着骰子出现的历史进行追溯,这个历史甚至可以追溯到人类文明的开始,理所当然,古典概率理论创立的源泉也只能是骰子问题。

在考虑了赌博成为概率问题产生的内在原因后,应该看到,一些外在的因素也刺激了人们对概率问题的关注和研究。在帕斯卡尔所处的那个时代,由于经济和社会的迅速发展,在人口统计、人寿保险领域需要整理和研究大量的随机数据资料,这就迫切需要一种专门研究这些数据规律性的数学。突出的事例有1662年英国商人约翰·格朗特出版了《关于死亡表的自然观察与政治观察》一书。他通过大量观察,不仅发现了人口各年龄组的死亡率、性别比例等重要的数量规律,而且对人口总数进行了较为科学的估计,这是历史上有资料可查的最早死亡机率统计表。很显然,这些外在因素在一定程度上促进了古典概率理论走向成熟。

在帕斯卡尔之后,对概率研究做出重要贡献的是贝努利。他在前人研究的基础上,继续研究赌博中的问题,在概率论历史上,他第一次明确指出:在一局赌博中反复掷一个骰子,每次重复中所涉及事件的概率不变并且独立。他区分了现在称之为"古典概率"和"统计概率"的这两种情况,前者是基于对称性,即等可能性的考虑进行的概率计算,不需要进行实际的观察。例如,掷一个骰子得到"偶数点"的概率为1/2,这就不用经过多次投掷来观察它的频率,仅仅通过对称性就可以推出,而后者的概率则必须经过大量的观察才可以算出。例如"出生男孩"这一事件的概率就必须观察大量新生婴儿才可得出。而在当有若干种可能性存在,而没有任何证据去支持给予某一特定的可能性以优先的考虑时,他主张给予这些可能性以同等的概率,这一思想在贝叶斯的均匀先验分布和拉普拉斯的不充分理由原则中得到发展。

1713年,在贝努利逝世后的第8年,他的巨著《推测术》出版,这是概率论历史上的一件大事。在书中,他提出并且证明了著名的"大数定律"(Laws of Large Numbers),这是与概率相关的第一个极限定理,使得经验定律成为了数学的理论，这在研究等可能性事件的古典概率理论中具有极其重要的地位。另一个极限理论是中心极限定理，即对于大数而言，二项式分布近似于正态分布，这是棣莫弗首先发现，并于1733年公布了这一成果。棣莫弗的研究成果也与解决赌博问题相关[2]7-8。

另一个在古典概率理论中占据重要地位的是关于条件概率的理论，这是由英国数学家贝叶斯在《论机会学说中的一个问题》一文中提出的。该文章于1763年由贝叶斯的朋友普赖斯提交《皇家学会哲学学报》发表，此时贝叶斯已经逝世2年多[7]188。为了纪念他，人们称之为贝叶斯定理。因为贝叶斯定理中的验后概率是对验前概率的重新认识，“因此，贝叶斯定理可以这样表达而留在记忆里：后验的支持∝似然×先验的支持”[8]191。这相当于在结果事件已经发生的条件下，求原因事件的条件概率，从这个意义上讲，它是一个“执果索因”的逆概率。此后，经过后人的不断完善，它逐渐发展成为了一整套理论与方法，在许多领域中有着广泛应用，并且在从事概率统计研究的专家和学者中形成了相当有影响的贝叶斯学派。

到了1812年，拉普拉斯在总结前人特别是贝努利、棣莫弗和贝叶斯的成果的基础上，出版了他的历史巨著《分析概率论》。这是一部概率论方面的奠基性著作，这本书总结了16—18世纪中概率理论研究的所有成果，并且有着重大的发展，从此使得概率理论不再是少数人的兴趣研究，而是数学中的一个重要分支，标志着古典概率理论的成熟。古典概率理论时期一般被公认为从1654年到1812年，也就是从帕斯卡尔到拉普拉斯时期。这段时间内不仅出现了概率的明确定义，而且产生了许多对近现代概率问题的研究有重大影响的思想，诸如“无差别原则”。

拉普拉斯是古典概率理论集大成者，他研究概率问题的动力可以归于他受决定论思想的支配，他说：“我们应该把宇宙的现在状态看作它的先前状态的结果，把它现在状态看作后面接着的状态的原因。已知一个瞬间，思想和推理的能力能够把握住所有的驱动宇宙万物的影响力，能够把握住组成它的各个情形的状态——足够大的推理的能力将使得这些数据服从分析——宇宙从最大的物体到最轻的原子都将遵循这个相同的准则；对于宇宙来说，没有什么是不确定的。”[2]14可以看出，他是把牛顿力学体系进一步普遍化，并运用于一切现象，试图要把宇宙中的全部事务都还原到一个决定论的理论体系中。对他来说，只要有一个初始条件，就可以知道宇宙的过去、现在和未来的一切，这种非凡的计算能力被称之为“拉普拉斯妖”（Laplace's Demon）。因此，很有意思，他的概率理论的本旨竟然是要用数学的工具来表达哲学上的决定论思想。

第一次从一般性的角度给出的概率定义出现在拉普拉斯1814年的论文中，文中提到：“机遇理论在于将同一类的所有事件都归结为一定数目的等可能情况（即我们对其存在同样地不能确定的可能情况），并且还在于确定出对欲求其概率的事件有利的情况数目。此数目与所有可能情况数目之比就是对所求概率的测度。也就是说，概率乃是一个分数，其分子是有利情况的数目，分母是所有可能情况的数目。”[9]100这就是说，在某一条件下，事件A的概率$=m/n$，n为所有可能情况的数目，m则是所有可能情况中对事件有利的情况的数目。这个定义是在这样一个条件下做出的，即将同一类的所有事件都归结为一定数目的等可能情形。在这个定义中，实际上蕴涵了两个前提性的原则：一个是对称性原则，即物理对称蕴涵了概率相等（Physical Symmetry Implies Equal Probability），另一个是确立这种等可能性的无差别原则。这两个原则也造成了古典概率定义的缺陷。凯恩斯正是由于受古典概率的定义影响较深，使得他不能摆脱这两个原则，从而给自己的理论带来了悖论的困扰。

无差别原则也被称为“不充足理由原则”，主要指对于某一个随机事件，如果我们没有足够的理由来说明其中的某些可能情形更有利，那么我们就应该认为各种可能的情形具有同等程度的概念。这一原则在古典概率论中占据了重要的地位，因为古典概率就是在等可能情形的基础上定义的，而这种等可能性就是由这个原则得来的。在拉普拉斯看来，这个原则是非常自然的，因为他是受决定论思想支配的，他的概率思想实际上就是牛顿力学所描绘的情形，所有的事件都受一个自然的法则决定，只是由于我们的无知，使得我们没有办法说明哪种可能的事件更容易发生，所以我们只能求助于无差别原则，给予它们相同的概率数值。但是，我们知道，通过这个原则对事件进行概率赋值，会导致诸如贝特朗悖论那样的问题。（对此原则提出挑战的一个经典的事例是贝特朗悖论问题，即在圆内随机选择一条弦，如果根据无差别原则，并且采用不同的计算方法，会得到弦长大于内接正三角形的边长的概率分别为1/2、1/3等等。在这里,我们可以通过一个简单的事例来分析。比如,对于一个坛子模型,假如我们事先并不知道里面究竟有哪几种颜色的球,那么,我们将没有其他的条件对各种颜色的球的概率之和进行限定。这样,当我们采用无差别原则时,我们给予"出现黑球"和"不出现黑球"的概率值都将是1/2,以此类推,给予出现白球等其他颜色的球的概率也将是1/2,因此,当小球的颜色多于2种时,得到出现各种颜色的小球的概率之和将大于1/2,这无疑是荒谬的。)无差别原则在归纳逻辑中的作用是十分重要的,不过,有的现代归纳逻辑学派对无差别原则是反对的,主张要么避免使用,要么限定使用的条件和范围,如限定样本点数量是有限的场合。

1.2 概率解释的各种观点

虽然对概率问题的思考应该有着数学和哲学两方面的内容,但是,早期的概率理论家大多是把他们的研究兴趣放在像掷骰子这样的偶然事件上面,探求其中数的规律,这使得关于概率的数学理论在17世纪后半期得到了相当程度的发展。这只能表明,此时大多数人注意的焦点在于概率的数学方面,致使关于它的数学方面研究的发展形成了强势。不过,这并不能说,在这个时期没有关于概率的哲学方面的讨论,其实,在这个时期也有不少关于概率的哲学方面的经典论述。洛克在《人类理解论》中就指出我们的知识很狭窄,人类的知识和确信有边界,这样就要考察概然性同意或者信仰的各种等级和根据,因为"概然性可以补助知识底缺乏。……概然性有两种根据,一种是与自己经验的'相契',一种是别人经验所给的证据——概然性只可以在我们缺乏知识时,来补充那种缺陷,并且指导我们"[10]。所以,只能说在古典概率时期,人们对概率问题的哲学探讨与对其数学方面的研究相比显得落后,这种情形已经随着概率的数学理论进一步迅速发展并被运用到科学的各个分支。如今关于概率的哲学思想已经得到极大的发展,积淀了丰富的内容,其中,关于主观主义概率的思想就具有典型的代表性。

在进入下面的论述之前,应该事先交代一下为什么学术界没有把古典概率理论纳入概率的一种解释。其实,这涉及如何对概率解释进行恰当分类的问题。早期的概率理论家虽然给出了关于概率计算的较为完整的数学理论,但是这并不等于他们已经给出了一个关于概率的清晰合理的解释。因为作为对概念的一个恰当的解释,首当其冲的是要对这个概念的内涵给予清楚的揭示,而在古典概率理论中,概率的含义近乎可能性。考虑到这个仍然模糊不清的可能性主要是针对偶然事件而言的,我们至多只能说古典概率是一个关于经验事件的偶然性解释,而不能把它纳入概率本身的解释中。并且,也不能仅仅从古典概率理论能够满足概率计算这一点,就断言它对概率做出了一个完整的解释。应该知道,这只是一个完整的概率解释必须具有的一个部分,或者说它只是概率解释的一个必要条件。我们已经看到历史上出现的所有关于概率的解释都满足概率计算,也正因为如此,不能用概率解释的必要条件作为判定不同的概率解释的依据。我们需要的准则应该是能用它来清晰地辨别出各种概率解释的不同,从而明晰地将它们区分为不同的种类。这就是说,只有满足这个条件的标准才是恰当的。不过,也不能因此就忽视古典概率理论的重要性,对其中所包含的一些数学和哲学思想的扬弃则是它的后继者用来建立自己理论的一个重要的基础。

1.2.1 概率的两重性(duality)观点

概率自出现就带有本体论性质和认识论性质的两重性。不仅古典概率理论时期的概率理论,而且现代的概率理论对概率的解释都各有侧重和不同,形成诸多概率解释理论。不过,以概率的两重性作为划分准则,大致可归结为概率的客观解释和主观解释。由于解释者的立场和观点以及应用领域的差异,由此产生一系列争论。鉴于概率的两重性,对客观概率和主观概率以及概率适用领域不能绝对地进行非此即彼的主、客分离,对于概率的不同解释理论要慎言虚妄,概率本身就是亦此亦彼的主、客统一体。

概率理论已经渗透到了现代人生活的方方面面,日益成为人类知识中重要的一部分。有意思的是,人类对于概率问题的认识虽然很早,从古埃及的考古资料到希罗多德的《历史》中均可以看到:骰子几乎接近于人类的第一个娱乐性的发明,但是概率的概念直到文艺复兴后才正式登上舞台,它的出现竟然如此迟缓。

哈金在研究了古典概率论的历史后指出，认为概率的真正出现开始于1654年，帕斯卡尔为解决德·梅勒提出的赌注分配和骰子点数问题而与费尔马的通信中。哈金强调概率带着两重属性，即本体论性质和认识论性质。他在1975年的《概率的出现》中说："这是值得注意的，即如此突然出现的概率是有双面孔的。一种是统计的，和偶然过程的随机规律有关。另一种是认识论的，用在缺乏统计背景的情形下，对命题估计的合理的相信程度。这个概率的两重性可以通过我们对1650年到1700年的概率历史的研究中得到确认。就是现在，这也是很清楚的。"[4]12这就是说，哈金注意到历史上出现的概率概念是从不同角度的阐明，表明概率有两重性，而且现代的概率研究依然凸显着概率的两重性，即存在两种不同性质的概率：一种是统计的概率，是关于偶然过程的随机定律；另一种是认识论的概率，是在缺乏统计背景的情况下用来估计对命题的合理的相信程度。这就是说，哈金不仅注意到了历史上出现的概率概念是从各自不同的角度阐明的，而且可以把它们归结为两大类。

其实，最早注意到概率有着两重性的不是哈金，在他之前就已经有人捷足先登了。早在1837年泊松就认识到了这点，并且库若和埃利斯也注意到了这个问题。达斯顿在1988年的《启蒙运动中的古典概率》中就声称最早对概率从两个角度进行区分的应该是泊松，并且"在19世纪40年代，当库若和埃利斯根据相对频率对数学概率的基础进行重新评估的时候，库若的说法是：'存在一个在事情自身之间可以理解的联系'的'客观可能性'和'在不同个体之间有变化的与我们的判断或者感情有关'的'主观概率'之间的区分，已经是关于所有概率理论的解释讨论的起点"[2]19。

按照吉利斯的说法，波普尔开始也是使用了达斯顿的术语，将概率区分为主观和客观两种解释，并且把概率的客观解释看作频率理论。波普尔认为"概率的主观解释理论……把概率度看作一种确定或者不确定、相信或者怀疑的感情的测度。……客观的解释把每个数字的概率命题看作关于一个相对频率的命题"[2]19。但是，波普尔是一个实在论者，他不能容忍主观主义哲学进入物理学领域，为了捍卫科学的客观性，预示知识贫乏的主观主义方法必须抛弃，波普尔转而拒绝主观概率。

按照达斯顿的考证,在19世纪40年代,库若和埃利斯发现要对概率进行“客观可能性”和“主观概率”的区分。当然,这里的“客观可能性”和“主观概率”应该和哈金的“统计的概率”和“认识论概率”是相对应的,这将成为对各种概率理论进行区分、辨别的一个准则。

不过,需要指出的是,这里有一个后来者居上的情形。虽然不是哈金首次发现了这种区分(他是在1975年的著作《概率的出现》中提出,而库若和埃利斯是在19世纪40年代提出,最早是由泊松在1837年提出的),但是,有意思的是,哈金指出这种区分可以通过从1650年到1700的概率历史的研究中得到确认,并且特别提到了帕斯卡尔。这就是说,在古典概率理论时期就已经有人开始注意区分统计的和认识论的概率了。毫无疑问,哈金认为人们意识到概率具有双面孔的时间要比达斯顿所言的库若和埃利斯早200年左右。

正如前面提到的,哈金认为帕斯卡尔自己的表述就是一个区分了两种概率的典型代表。帕斯卡尔在与费尔马通信讨论赌注分配问题和论述神的存在的时候就分别是在不同的含义下使用了概率的概念[4]12。关于赌注的分配问题本质上完全是偶然的(aleatory),一事物的发生和另一事物间有着可以联系的客观可能性,即存在一个对客观的或然性的认同,此时讨论的应该是客观的概率,而关于对上帝是否存在进行打赌时,帕斯卡尔认为上帝的存在和不存在都是没法理解的,这里没有一个上帝是否存在的偶然性问题,这里进行的只是一场赌博,根据理智,什么都得不出,任何一方都无法进行辩护,唯有人们对上帝存在的合理的相信度问题,并且按此相信度去打赌,去行动,这显然是一个认识论的概率[4]12。

在帕斯卡尔时期,学者们对概率的理解也各有不同。惠更斯着重研究通过博弈的机会来扩展一种算术的概率,在惠更斯那里,很少有认识论概率的色彩。而莱布尼兹则开始从认识论的角度思考概率,“当莱布尼兹最终清楚了概率理论的角色,他称之为‘自然的法理’。……数学是推理必要真理的模型,但是,当我们思考偶然性的时候,法理一定是我们的模型”[4]86。很显然,莱布尼兹将概率看作一个认知概念。

在帕斯卡尔之后,贝努利对概率两重性问题有探究,贝努利不仅对概率有客观和主观之区分,而且在两种概率内还进行了情形辨析。“在客观概率中，他明确区分了‘可以先验地计算’的概率和‘后验地计算’的概率。……用现代语言说，贝努利在客观概率中，明确区分了现代称之为‘古典概率’和‘统计概率’这两种情况。”[11]“在涉及主观概率的问题中，当有若干种可能性存在，而没有任何论据去支持给予某一特定的可能性以优先的考虑时，贝努利提出给予这些可能性以同等的概率。”[11]

值得一提的是，参考当时的背景知识，这里隐约透露出一些矛盾，那就是在帕斯卡尔和拉普拉斯时期，他们似乎不应该有客观概率的观念存在。因为在当时，宇宙决定论是主流思想，一切都是决定性的，根本不存在一个或然性发生的问题。因此，当遇到一些暂时无法作答的问题时，人们势必只会认为这是人类的无知。也就是说，那时的人们包括帕斯卡尔和拉普拉斯在内都不会相信存在一个未知偶然事件、一个客观可能性和一个客观的概率问题，有的只能是认识论的概率。他们的信念只能是人类的无知，这样的理由使得你不必迟疑去赌上帝的存在吧。这也正是吉利斯所持有的观点，他说：“我的观点是：一直到拉普拉斯时期，概率理论家都是把概率看作认识论的而不是客观的，……因为那个时期所有的概率理论家都有一个坚定的宇宙决定论的信念，除了人类的无知，他们是很难相信概率的。”[2]21

如果只是从这个决定论的大背景来考虑消解矛盾，这似乎让我们得出在帕斯卡和拉普拉斯时期不应该有对两种概率进行区分的情形出现。但是，通过对那个时期的实际资料的研究，我们发现，当时的许多概率理论家包括帕斯卡尔在内，是结合大量的重复出现的经验事实来对概率进行研究并得出他们的理论成果，这确凿地表明当时存在统计的、客观的概率。因此，我们得出的结论应该是：在古典概率时期，概率研究者已经开始区分认识论的和客观的概率，如果说有矛盾，那也只能说是他们自身思想的矛盾，这在科学思想发展史中并不鲜见，而对两种概率的区分确是事实。

吉利斯对哈金区分两种概率时使用的术语有自己的看法：一方面，他赞同哈金使用的术语“认识论的”(epistemological)或者“认识的”(epistemic)来刻画概率的一个面孔，他认为这对于把知识或者无知的程度或者理性的信念度视为概率很方便；另一方面，他对哈金用术语“偶然的(aleatory)”来描述概率的另外一个面孔并不赞同。他最初认为应该用“科学的(scientific)”，因为这种类型的概率出现在自然科学(例如，物理学或者生物学)的理论里,后来,他采用了波普尔的观点,用"客观的(objective)"来刻画。因此,吉利斯把概率的解释理论分为认识论的或者客观的[2]20。

好多概率理论家都注意到了概率的两重性,并对两种概率进行着澄清。如卡尔纳普在研究了历史上的概率解释后指出,认为有两种概率的概念:概率1即确证度,是对概率的一种逻辑解释,属认识论概率;概率2即长序列的相对频率,是与逻辑概率相对应的经验概率,属本体论概率。

关于概率两重性有着诸如主观与客观、一元与多元的激烈争论。波普尔曾在《真理、合理性和科学知识的增长》中指出,命题的内容越多则概率越小,"如果在科学中我们的目的在于高信息内容,……那么,我们就得承认我们的目的也在于概率演算意义上的低概率"[12]565。由此,波普尔提到一个把概率测度作为科学知识增长和进步相对潜在满意和进步的准绳,引起科学哲学家的广泛争论。毋庸置疑,争论的焦点在对概率理解的分歧上。

其实,要对主观概率和客观概率绝对地进行非此即彼的区分不仅很难,也是行不通的,因为有时它们确实相互融合。正如哈金疑惑的一样,他感觉,甚至"有时贝叶斯(Thomas Bayes)所写的公平博彩率好像是可用信息的一个函数,并且当一些新的信息可以改变。在别的地方,……他所写的一个事件的未知概率好像是很独立的,不管信息是否获得了一个客观特性"[8]193。

不过,由于一些在概率观上持一元论者总是坚持自己的观点、见解和立场唯一正确,争论不断发生。对于客观概率论者而言,他们总是会认为科学应该客观,不能掺杂个人的感觉、偏好和信念。但是,正如古德所言:"你们中的一些人可能会想起'科学只涉及客观性'的箴言,如果这个箴言是真的,那么科学的目的无须采用主观判断,但是,实际上这个箴言是虚假的。"[13]6因此,他认为"主观主义者直述他的判断,而客观主义者以假设来掩盖其判断,并以此享受科学客观性的荣耀"[13]16。并且,他认为波普尔由于信奉任何科学理论的逻辑概率都是0,这将会杀死科学[13]126。其实,仅仅从科学是由已知向未知的推断,以及科学的主体际性,我们就可明晰科学离不开主观性。

相反,对主观概率论者菲尼蒂而言,他拒斥概率的客观性。利安达和菲尼蒂一样拒斥客观概率解释,认为客观主义者把未知的存在和原则上不可知的概率作为构成现实的基本结构是不可以接受的，而按照主观概率理论，则既不需要重复相同的实验，也不需要未知概率。他对菲尼蒂的主观概率理论很是欣赏，认为菲尼蒂在主观概率方面起到了先锋的作用[14]。但是，很多学者持不同看法，更多学者认为菲尼蒂所声称的纯主观概率不过是一种客观的主观概率，有学者试图用客观的概率来取代菲尼蒂的主观的概率。

对于概率两重性引起的不同概率解释之间的激烈争论，卡尔纳普的观点比较恰当。他认为科学史上经常针对概念的不同解释进行着激烈而无谓的争论，实际上，人们原来所指并不一致，不同的解释者可以相安无事。其实，在科学的大厦面前，我们应该持有一种开放的心态，在尽可能说清楚自己观点的同时，对不同的观点也要多加探究，不能站在一派的立场去消极批评另一派的过失。在概率问题上，既不能单纯地用客观概率否定主观概率，也不能用主观概率单纯否定客观概率。主观概率论者要看到概率客观性的面孔，客观概率论者也要看到主观概率的作用。

吉利斯提到概率多元化的观点对理解概率两重性有一定启发。吉利斯对利安达全盘拒绝客观概率采取的立场是部分同意和部分不同意。他认为虽然利安达将客观概率解释排除在经济学之外的理由是有效的，但是对在自然科学领域使用客观概率解释的批评不是有效的[2]188。由于自然科学和社会科学的差异，一般的观点是：在经济学领域的概率解释是认识论解释，而不是客观解释，操作主义在社会科学领域是恰当的，但是不适合自然科学。概言之，对概率的理解要区分情形，唯概率一元论是不可取的。

总之，概率是人的认知，对事件概率的认识构成认知主体的认知，不存在无认知主体的概率，正如任何知识都是人的知识一样。既然如此，概率中包含了主体的背景知识（或信念），因此概率在一定程度上是主观的。只不过主观主义的学者所论述的事件其概率中包含了认知主体主观成分多些，而频率主义、逻辑主义的学者所涉及事件概率含有的主观成分少些。同样，概率中包含有客观成分，因为事件本身是客观的，不同的人从他的背景知识出发对同样客观的事件进行概率配置，但是，我们不能说概率是对外界客观事件的认识而否认概率中包含了主观成分。因此，鉴于概率两重性，只有在对性质进行辨析时，谈论主客观属性才有实在意义，而对概率的客观性和主观性、客观概率和主观概率、概率各种解释理论以及应用的场合都不能武断地进行绝对的主、客剥离，它们只能是相互交融、各有侧重，概率本身就是亦此亦彼的主客统一体。

1.2.2 概率解释的分类

伴随着哲学探讨的深入和数学理论的发展，关于概率的解释理论越来越多，要对它们进行区分肯定很难，首先至少要找到一个准则，或者说划分的依据和标准，那么它究竟可以是什么呢?

哈金认为，"各种不同的概率种类不容易理解，并且区分它们的不同比区分重量和惯性质量更难，这一点是确实的。但是，到如今，有大量的有用的不同的概率概念的解释。在认识论方面有两个学派的思想占据主导地位。……不管逻辑的还是私人的理论是否被接受，这两个显然是知识论的。……与之(认识论解释)相对照是统计理论家族"[4]13-14。可以看出，哈金给出了一个划分的依据，最基本的准则是概率两重性，即根据概率概念的性质是统计的或者认识论的来进行归类。

据此，可以将概率解释理论划分为两大类：概率的认识论解释和统计解释。概率的认识论解释把概率看作关于人类的知识或者信念，这样，概率就可以看成信念度、相信度或者别的这个种类的什么东西。这种解释理论涉及根据判断或者证据来确定命题的可信度问题。哈金认为逻辑的和私人的概率解释属于认识论的解释。很清楚，哈金认为概率的认识论解释还可以进一步划分出典型的、有影响的两派，即逻辑解释和主观解释。这其实也就是贝叶斯传统内的分歧，由于对先验概率的不同解释，"前者试图为先验概率寻找先天的、形而上学的或逻辑的基础，以 Laplace、Keynes 和 Carnap 为主要代表；后者愿意把先验概率看作仅仅表示私人的、主观的相信度，以 Savage、de Finetti、Good 和 Jeffrey 为主要代表。这两派同属于 Bayesianism 所代表的整个传统"[12]12。当然，拉姆奇是主观主义概率解释的开创性人物，这一点已经得到包括哈金在内的众多学者的肯定。

一般地，概率的统计解释是与认识论解释相对照的，通过一些实验的或者自然的排列显示出侧重于趋势的统计理论家族，它们在重复试验中有着稳定的长期运行的频率[4]14。概率，也称客观解释，是一个自然的特性，它和物理世界其他的性质，诸如质量、体积等一样，在客观性上没有什么根本的差别。它强调的重点在于用概率来陈述的真理要依赖于经验事实，一般运用在大量的重复事件出现的场合，因为经常在经验科学和经验统计的领域应用，所以又称之为概率的经验解释。

哈金在对概率的统计解释（或客观解释）进行论述时，特别将冯·米塞斯和波普尔的概率理论视为此种解释的典型，他们两人由此成为概率的频率解释理论和概率的倾向性解释理论的代表，这就意味着在客观解释这个大类里可以举出两个不同的概率解释理论，分别是概率的频率解释和倾向性解释[15]vii。当然，赖欣巴赫也是频率论的另一个代表人物。

据此，概率的解释理论可以划分为四种，它们分别是概率的频率解释、概率的倾向性解释、概率的逻辑解释和概率的主观解释。虽然不同的概率理论家对此持有的意见也不完全一致。主观概率理论的倡导者之一——菲尼蒂坚持概率解释的一元性，即概率都是主观的，主观概率是唯一有用的，他不接受客观的概率解释。波普尔则一开始对概率解释持有多元论观点，即概率具有多种解释，每一种解释对一个特别的领域有效，不过，随着将倾向性解释的应用领域扩大后，他不再接受概率的主观解释。而拉姆齐和卡尔纳普则持有多元论。但是，总的来看，这种分类已经得到了大多数概率哲学家的认可。

1.2.3 非主观主义概率观的典型理论

出于比较分析之需要，在对主观主义的概率观进行探讨之前，有必要先探讨一下历史上出现的概率的非主观主义解释所取得的成就以及面临的困难。按照概率解释的一般分类，这里主要涉及客观解释中的以冯·米塞斯和赖欣巴赫为代表的频率解释，以波普尔为代表的倾向性解释，以及认识论解释中以凯恩斯和卡尔纳普为代表的逻辑解释。

1.2.3.1 概率的频率解释

古典概率理论有明确的概率定义，也产生了不少对近现代概率研究有重大影响的思想，不过，古典概率理论并没有被公认为概率的一种解释。之后，伴随着数学理论的发展和哲学探讨的深入，概率的解释理论越来越多，其中，20世纪20年代频率论的转向标志着概率的经验解释正式出现，概率研究开始被看成一门经验科学。

概率的频率解释又称为概率的相对频率解释。从概率的历史中可以看出,自从赌博者注意到在赌博中有概率问题的时候,相对频率就已经和概率密切相关。不过,古典概率的定义只适合在样本点或者说基本事件数目有限的场合使用,并且假定了各个基本事件是等可能性发生的。但是一般的随机事件并不一定具有这个等可能性,那么如何才能求得一般随机事件的概率呢?

一直到19世纪,这个问题才由剑桥学派的埃利斯和维恩提出,后被冯·米塞斯和赖欣巴赫进一步发展完善和普及化的相对频率理论加以解决。它的基本观点是:在一个特定试验中,一个特定事件的概率等于在一系列无限的"相似"试验中该事件发生的相对频率。这样,事件的概率就能够借助于极限,将之定义为相对频率的极限值。也就是说可以根据事件出现的客观状态,通过相对频率的极限来计算概率值,不再需要通过古典"无差别原则"这个假定来给初始概率进行赋值。

频率论可以看成古典概率理论转向概率经验解释的标志,冯·米塞斯在1928年的《概率、统计和真理》的序言中特别交代了概率理论的新转向,他说:"新的观念大约出现在1919年,它实质上是把概率理论看成和几何学或者理论力学一样的一门科学。"[15]vii不过,英国的维恩在一定程度上也意识到了这个新的转向。在19世纪中期,维恩开始摆脱古典概率理论纯粹的数学计算,转而对概率的概念进行哲学探讨,并且意识到概率是一个客观特性。他把对概率的研究看成一门经验科学,进而提出概率是长序列或者类的一个特性,这里的类就是概率形成的条件。因此,类的不同,也就决定了概率值的不同。经过如此解释之后,概率就完全成为经验的、事实的和后天的。维恩之后,冯·米塞斯继承了这种经验概率的观点,在1919年的论文中,他提出了自己的频率理论,并且在1928年系统地阐述了这个具有代表性的频率理论。波普尔认为虽然关于概率概念有许多可能的诠释,但是在物理学中,只有像冯·米塞斯提出的那种频率理论才是可以接受的。

按照冯·米塞斯的观点,"有可能说到概率仅仅是指一个恰当的被定义的集合"[15]28。这就是说,他的概率定义建立在集合概念之上,只有在涉及集合的时候,才能谈论概率,并且是把有限的经验集合表示成无限的数学集合。他之所以会这么做,大概是由于他是一个经验论者,考虑问题的出发点只能是一些可观察的现象,他说:“定义必须有一个有用的目的。如果它和我们通常认为的科学的目的一致,我们认为这个目的是有用的。这就使观察现象的多样性呈现出一种规律,能够预测它们的发展过程。”[15]6-7

怎么处理这些经验的东西,这自然要取决于他是如何看待经验和数学之间的联系的。冯·米塞斯的方法是从经验观察出发回到经验解释,可以分为两个步骤:第一步是从经验到理论的抽象、建立的过程。先对经验的东西进行抽象或者理想化,从而得到数学上的概念,然后在观察的基础上确立一些经验的定律,接着自然就是再次对这些经验的定律进行抽象或者理想化得到数学上的定理;第二步是从理论到经验的推导和解释的过程。当第一步完成后,通过建立起来的理论系统进行逻辑推导,从而得到需要的结果,进而对经验现象进行解释。

无限集合概念在冯·米塞斯的理论里是必须的,因为要谈论到极限,但是也正因为只有将经验的有限转换为抽象的无限才能恰当地解释概率,这使他的理论遭受到不少批评。有一种反对的意见认为,这种把有限划归为无限的做法有失合理性,因为人类对概率的观察和运用是建立在有限的经验之上,既然人类不可能观察到一个无限的序列,那么就不能通过无限来解释现实中的概率问题。对此,冯·米塞斯则声称:自己这样做不仅是合理的,而且是有用的,对于经验的解释是足够精确的。他的理由为:“我非常赞同亨佩尔在论文《概率陈述内容》中提出的观点,按照亨佩尔的看法,建立在无限集合概念上的理论可以应用于观察到的有限序列,虽然通过这个方法不是逻辑地被定义,但是对于实践来说是足够精确的。在这个例子上,观察理论本质上和其他物理学科是相同的。”[15]85

这正如在物理学上用几何点带代替有限的物体是必须的、合理的,并且精确地解释了物理现象,因此在概率理论上有同样的做法也是合理的,对于现实的解释是足够精确的。不过,他的这个简单的、通过同样具有或然性的类比方法得来的理由并不能让人们真正地信服。菲尼蒂认为,不能把概率理论和其他的物理学理论进行类推:“在我看来,这种相似性是虚幻的:在其它各门科学中,人们具有这样一种理论,如果这个理论完全精确无误,它就能确定地、准确地断言和预测将要发生的事情。在概率演算中,正是这种理论本身迫使我们承认所有频率的可能性。在其它各门科学中,不确定性的确来源于理论与事实之间的不完善的联系;而在我们的情形中却正好相反,它并不是来自这种联系,而是来自理论本身。……概率与频率之间的关系没有经验性质,因为,不管被观察到的频率怎样,它总是与关于它们各自的概率的所有意见相容的;结果,一旦承认这些意见并不蕴涵绝对地断言:如此这般的一个事件必然会发生或不可能发生,那么,它们就既不能被确证,也不能被反驳。"[12]102-103在这里,菲尼蒂明确表示了这只能是频率理论自身提供了频率的可能,事实并没有合理地给出频率存在的条件。

对冯·米塞斯坚持自己观点的做法应该能够理解,因为他的整个频率理论都是在这个集合概念的基础之上发展起来的,他的格言就是:首先为集合,然后是概率。如果放弃了它的合理性就等于放弃了自己的理论。也正因为如此,之后他的频率理论遭受批评最多的是与这个集合概念有关,他虽然对此不停地进行完善,但是,由于自己已经深深地陷入了这个观点,结果总不尽如人意。根据冯·米塞斯的看法:"一个集合是一个满足下列两个条件的观察资料中的大量的现象或者一个无限的序列:①在集合里的相对频率的特性趋向于一个固定的极限;②这些固定的极限不受选址(Place)的任何影响。"[15]29这里的两个条件分别是收敛原则和随机原则。冯·米塞斯认为他的集合应该同时满足这两个条件,"如果一个观察序列仅仅满足第一个条件,而不符合第二个条件,那么这样一个极限值应该称为发生事件的可能性的特性,而不是它的概率"[15]29。

冯·米塞斯集合的第一个条件很好理解,这很明显,如果一个序列不收敛,则不能把概率定义为极限值。不过,对于冯·米塞斯提出的无穷序列的随机条件存在不少争论。波普尔虽然声称接受冯·米塞斯的理论,但同时也指出冯·米塞斯要求的"集合体"应该是不可预测的("排除赌博系统原理"),不可能建构出一个这样的集合体的例子,并且维也纳学派普遍注意到了这个问题。对于第二个条件,冯·米塞斯自己也增加了一些约束,强调"基本的条件是,是否一定的组成部分属于被选择的部分序列应该被决定于相应观察的独立的结果"[15]25。他的基本意思是我们不可能在一个序列中发现一个模式,使得概率(相对频率的极限值)按照这个模式相对于随后的选择变得不同。对此,可以进一步通过冯·米塞斯给出的一个解释性的事例来理解。他声称没有一个赌博体系可以保证一个人在以后的赌博中获胜,因为这个序列没有可以认知的固定模式,所以通过原始的、以前的序列,人们不可能发现、选择出一个特殊的赌博体系来增加获胜的概率,这里的赌博体系可以理解成为以后赌博的概率进行的一个计算法则。这也是这个条件又被称为赌博体系不可能原则的原因。

总之,冯·米塞斯认为,一个事件序列满足了收敛公理(或极限公理)和随机公理就称之为一个"集合",冯·米塞斯的集合就是这样一个可以无限延续下去的偶然事件的序列。这样一来,该事件概率为该集合序列相对频率的极限值,即把概率看成了一个无穷集合的一个客观特性,表现为相对频率这个属性。

频率论的另一个代表人物为赖欣巴赫,在1930年的《因果性与概率》一文中,他也是主张用"相对频率的极限"来定义概率。他在1935年的《概率论》中,完整地阐述了自己的概率思想:"认为概率概念仅仅关注未来的陈述是错误的,在许多关于过去的陈述中,我们明显使用着概率概念。"[16]3 他认为,在某种事件的无穷序列中,出现某一特征的相对频率的极限就是该特征相对于该序列的概率。

赖欣巴赫求极限频率的方法是"认定(posit)"。在他那里,"'认定'一词用在与机遇对策中'打赌'一词相同的意义上,认定是被我们看作为真,但尚不知道其真值的陈述,如果没有一定的理由,我们自然不会作出一个认定;我们作出某一个认定,或打某一个赌,是由于看起来它们是我们所能够作出的最好选择"[16]373。他通过"打赌"来说明"认定"是我们在不完全知情的情况下做出的一个选择,因此选择的结果不是确定性为真,但是根据现有的知识,这又是我们能做出的最佳选择。在这里"认定"几近等于打赌,它虽然根据了一定的理由,但是理由不充分。并且赖欣巴赫声称通过对"认定"的理解之后,我们就可以用频率理论来更好地理解单个事件的概率。例如,假定事件B在一个序列中发生的概率是5/6。这时,如果说我们面临着一个单个事件B是否将发生的问题,那么我们解决的办法就是把"B将(不)发生"看作一个认定,而不是一个断定。虽然我们不能断定B将发生,但是,因为$P(B)>1/2$,所以,我们可以认定B发生。同样的道理,如果它的概率小于1/2的话,我们则认定B不发生。

“Reichenbach 为了把他的频率解释贯彻到底，就提出了他的认定理论。”[17]但是，赖欣巴赫的“认定”概念并不十分清晰，因为这种打赌的解释看上去似乎更接近主观概率观。其实，此时赖欣巴赫的认定和打赌中的部分信念度（即赌商）有着一个根本的不同：赌商被定义成一种比值，有着数量的大小，是主观概率；而“认定”其实与数量没有关系，一个“认定”只是确定那个陈述将被认可，它并不是一种概率，我们将把它看成真的陈述。实际上，在赖欣巴赫的头脑中并没有明显的主观概率的观念，他所要坚持的是频率理论。“概率的主观性正是经验主义概率归纳逻辑所竭力排斥的。这进一步显示出经验主义概率归纳逻辑的内在不一致性。”[18]

赖欣巴赫认为，甚至可以说科学无非就是把认定归并到更普遍的考虑之下进行不断的修正而已。……人们在做出归纳结论时不仅仅依赖于结论所涉及的特殊观察，而且还要用到在不同的领域中所得到的大量经验。但是这种经验的联系并不是十分严格的。如果人们发现某一个别序列在延伸过程中保持其频率，那么即使全部经验体系使得另外的极限值具有更高的概率，人们最终还是相信单个情形的偏离值。经验体系对于单个情况只能提供概然性知识，而不能提供绝对确定性的指导[19]。所以，“经验的频率解释把概率陈述看作描述世界上所遇见的某些对象或事件类的行为或特征的经验陈述。这个解释的一个结果便是：我们一般并不知道我想要知道的一切概率陈述。一个概率陈述是关于世界上数量巨大也许无穷的一类事件的陈述”[20]68。

另外，赖欣巴赫和冯·米塞斯一样，也认为概率在现实中的运用是离不开极限这个条件的，并且赖欣巴赫认为，在物理世界中所认识的一切，都可以用概率形式加以表达，任何关于自然事件的预测的因果陈述都具有概率形式。这种观点受到了不少批评。其实，极限这个概念对于许多实际情形并不明显适用，因为这要求集合的无限性，为了根据某个事件出现的相对频率去确定它在自然界的概率，即为了获得具体的、就像给数学研讨假定的命题，人们必须到处转向无限多的情况的极限值。实际上，人们的经验观察和陈述总是局限在有限的情形之中。因此，赖欣巴赫把频率理论中概率计算的极限存在条件带入了物理世界之中，用有极限的概率形式来表示对自然界的认识是有困难的。

总之，以冯·米塞斯、赖欣巴赫为代表的概率的频率解释有优点，也有缺点。优点在于频率理论把一个事件的概率看作该事件在独立重复随机试验中出现的频率的极限，满足概率计算，能够得到数学理论的有力支持，同时将概率归结为一个序列(集合)的相对频率的极限，认为大量现象和重复实验自然组成这样一个序列，强调概率是序列的一个客观特性，将概率与科学实验相联系，因此这个概率解释的直观性较强，使得大多实际工作者和物理学家能够接受。不过，概率的频率解释也有缺陷，频率理论无限重复的思想不过是一种理想化，这种观点引起人们对它的怀疑，给频率理论带来了一个著名的难题，即如何解释单个事件的概率。

按照频率论的思想，对于像"德国在将来的某个时间卷入利比亚的战争的概率"这样的单个事件是没有办法谈论它的概率的，因为这样的事件只发生一次，不可能有什么集合的极限。冯·米塞斯肯定也意识到这一点，认为频率解释不适用于单个事件或假说，并且他拒斥谈论单个事件的概率，认为考虑这样的事件的概率是没有意义的，声称"我们的概率理论对诸如'德国在将来的某个时间卷入利比亚的战争的概率'这样的问题是没有什么可做的"[15]9。

谈论这样的事件是没有意义的。根据冯·米塞斯的观点，这样的事件应该找不到一个可以合适利用的集合；根据赖欣巴赫的看法，则是如果要处理一个单个的将来事件的概率，我们首先必须把这个事件合并到一个适当的参考类里[16]374。从这里可以看出，赖欣巴赫和冯·米塞斯在对待单个事件的看法上好像有所不同。赖欣巴赫并没有坚决地拒绝单个事件的概率，而是给出了一个类的标准，即"最狭窄类，这样的类，可靠的数据能被搜集"[16]374。赖欣巴赫的本意是想把单个事件概率当作在越来越狭窄的参考类里相对频率的极限，这个参考类不管多狭窄，都有一个基本的要求，即它是重复事件的类。

但是，是不是所有的单个事件都能找到一个合适的参考类？像冯·米塞斯提出的"德国在将来的某个时间卷入利比亚的战争的概率？"它的参考类应该是什么。这个问题和掷骰子的问题有点不同，虽然它们都是单个事件。如果按照赖欣巴赫的观点，对于骰子问题可以找到一个合适的参考类来定义它的概率，而对于"德国在将来的某个时间卷入利比亚的战争"则找不到参考类,或者说,找到的也只是含有本身一个元素的类,并且对这一个元素本身要理解为包括在重复发生事件的一个序列中,某某单个事件的概率只不过是某某单个事件所在的无穷序列的频率极限的省略说法,单个事件并不具有真正的概率。其实,这不仅限制了对单个事件的概率进行频率解释,而且等于放弃了对单个事件进行概率解释。所以,实际上,赖欣巴赫和冯·米塞斯并没有本质的不同,只不过冯·米塞斯是明确地拒斥单个事件的概率,而赖欣巴赫赋予了单个事件的概率一个假想的、虚幻的、没有意义的意义。

由此,考虑到无限的思想给频率理论带来的困难,一些相对频率论者承认概率只能在人为的、可控的"机械"场合运用,把没有重复的事件排除在考虑之外;也有一些人采用了倾向性观点,认为概率与无限没有关系,它是产生某结果时,给定物理情境的一种内在的、客观的、自然倾向的属性。

1.2.3.2 概率的倾向性解释

客观概率的倾向性观点最初是由皮尔斯提出的。皮尔斯最初接受频率理论,但是后来他放弃了频率理论,提出了类似倾向性解释的看法。对于掷骰子得到某点的概率,他认为是骰子有某种特性,即"想要(would-be)"的特性,类似于一个人的习惯。不过,人们更多地把概率的倾向性解释与波普尔相联系,认为是波普尔首先说清楚了概率的倾向性解释。

随着量子力学的出现,哥本哈根学派认为在量子理论中客观实在性已经消失。如果要坚持该理论的客观性,势必要对单个光子的概率给出适当的客观解释。在波普尔之前,以冯·米塞斯为代表的频率理论拒斥单个事件的概率陈述,而量子力学中的单个光子的发生又是不争的事实,这使得单个事件的概率的客观性成为问题。波普尔认为,主观主义正是从这里进入物理学的,"物理学已经成了主观主义哲学的一个据点,并且此后一直保持至今"[21]214。

波普尔信奉证伪主义的形而上学纲领,同时是一个实在论者。他声称离开了实在性,关于物理世界的理论将不可证伪,毫无科学性可言,并且我们实践的行动也将是不可思议的。因此,他主张量子理论的对象和经典理论一样应该具有客观实在性,之所以造成量子理论存在客观性的困难,是因为对概率的解释有误。

波普尔认为，主观主义的概率解释把概率归结为人们把握信息的不完全，而实际上这和我们知识的缺乏没有必然的联系，对概率应该有一个客观主义的解释。不过，客观的频率理论虽然坚持了概率的客观性，但是却把概率解释为重复事件的统计性质，这使得谈论单个事件的概率没有意义。由此可见，主观主义的概率解释和现存的客观主义的概率解释都有问题，唯有他主张的概率的倾向性解释才最为合理。

波普尔明确表示自己提出概率的倾向性解释有着明确的目的，他说："我试图通过引进对概率的倾向解释来与主观主义斗争。这不是一个特设性的引进。相反，它是对频率论的基本论据作仔细修正的结果。我的主要想法是，可把倾向看作物理实在。它们是对意向的度量。"[21]216倾向性就像牛顿的吸引力一样是不可见的，也像那些吸引力一样，是能够产生作用的：它们是真实的，它们是实在的[22]211。

波普尔指出：一旦我们认识到同一偶发事件或事件可以有不同的概率，作为不同参考类的一个元素，不少所谓概率悖论就消失了[23]。波普尔认为，在冯·米塞斯的频率理论中有一个简单的缺陷；假定我们有一个灌了铅的骰子，在经过了长序列的实验后，用这个骰子得到"6点"的概率非常接近1/4。现在考虑一个长序列，在此序列的元素包含了3次用同类的并且对称的骰子的投掷。考虑到这3次是用均匀的骰子进行的投掷，得到一个"6点"的概率是1/6，而不是1/4。虽然按照假定，投掷的事实是有着1/4统计频率的投掷序列。那么，这个未灌铅的均匀的骰子得到"6点"的概率会是多少[24]32？

波普尔认为对频率理论来说，"这个简单的缺陷是决定性的，即使有各种各样的可能的反驳"[24]32。很明显，用相对频率来解释是很困难的。如果我们说，因为此长序列的相对频率为1/4，所以用这个未灌铅的均匀骰子得到"6点"的概率应为1/4，但是我们知道按照古典概率的定义，得到"6点"的概率应该为1/6，因为出现各点的机会相等；如果我们说，由于这个骰子是均匀的，因此得到"6点"的概率是1/6，但是这又与它所在的长序列的相对频率相违背，因为仅有的3次投掷的结果是不会影响到此长序列的相对频率的。

波普尔认为频率理论者可能会采取下面两种方法来解决：一种解决方

法，正如冯·米塞斯所指出的，概率是相对于一个恰当的序列或者集合而言的，对于不在此序列中的事件，我们不能给予它此序列的相对频率值。可见，在这里的关键是要找到一个合适的同类序列的标准。冯·米塞斯的同类序列标准比较松散，我们按照赖欣巴赫最狭窄的类的标准来看，这3个由一个未灌铅的、均匀的骰子投掷得到的结果应该属于一个新的、更狭窄的序列的元素。这样一来，这个均匀骰子的概率值就不再由上述长序列的相对频率所确定，而是应该由这个未灌铅骰子的投掷结果组成的序列来决定。按照频率理论，这个新的、更狭窄的序列的相对频率应为1/6，而不是1/4。但是，正如波普尔所指出的，事实上，按照我们的假定，这个序列仅仅包含3个元素，这说明这个新的狭窄序列不符合频率理论的要求，它没有相对频率。为了回避这个只有3个元素的序列没有相对频率的问题，频率理论者或许会采取另一种解决方法。他们可能会求助于经验，虽然现在只投掷了3次，但是，我们从经验中应该知道用一个匀称的骰子得到“6点”的概率为1/6。波普尔认为这也是不合理的，他的理由是：假如我们用一个不同的、灌了铅的新骰子取代那个没有灌铅的骰子混合在序列中，并且我们没有以往的任何经验来估计这个新的、灌了铅的骰子的概率。此时，这个新骰子的概率不仅不能用异类序列的相对频率来确定，而且用同类的最狭窄的类的序列也不能确定。

探究问题的实质，波普尔认为不仅要说清楚同类序列的标准到底是什么，怎样才能得到相同的序列，而且要解决在同类序列只有有限元素的情况下，它的概率求值的问题。之所以频率理论会出现困难，是因为把概率看成与实际的或者真实的序列相联系，看成序列的一个属性。这不仅会带来同类序列分类标准的困难，而且会涉及要求真实的序列无穷性的困难。针对这种情况，波普尔提出了一个解决的办法，指出如果我们把着眼点由序列转移到序列的产生上，那么就可以看到，只要序列的产生条件相同，由此产生的序列肯定就是同类的。

因此，波普尔认为，其实我们只要变换一下观念就可以克服这个缺陷。把序列看成它的实验装置的结果，概率也就成为这个实验装置的一个内在的属性。这样一来，只要实验装置保持不变，那么不仅由它产生的序列必定是同类的，而且可以避免概率必须与真实的序列相联系的问题，因为这个序列的结果被它的产生条件定义了,只要这个产生的条件没有变化,一个事件的概率将是相同的,哪怕没有进行多次的重复实验。

在这里,波普尔注意到了频率解释和他的方法的不同。他说:"频率解释总是把概率看作相对于一个序列,这个序列被假定,并且它作用在这个假定上即一个概率是一些给定序列的特性。但是随着我们的修改,这个序列的结果被它的产生条件所定义。并且用这么一种方法,现在概率应该被说成产生条件的一个属性。但是,这造成了一个非常大的不同,特别对单个事件的概率,……用这个方法,一个单个事件应该有一个概率,甚至它仅仅发生一次,因为它的概率是它的产生条件的一个属性:它由它们产生。"[25]可见,在这里,波普尔认为概率都是条件概率,我们需要一种相对概率或条件概率的演算法,以区别于绝对概率的演算法[22]211,因此,对频率理论进行修改的关键是要对条件进行修改。"频率理论解释总是把概率看作相对于一个事先假定的序列;并且它假定一个概率是一些给定序列的属性。但是随着我们的修改,序列转换成被产生条件的集合定义;并且用这种办法,概率现在应该说成是产生条件的属性。"[24]34这样一来,这个实验装置内在的倾向性属性就成为序列的原因。因此,我们可以看出,通过这样的修改,序列变成了产生条件的结果,等于是从频率解释到倾向性解释的一个转变,从概率被看作一个给定序列的特性变成了产生条件的一个属性,即实验装置实在的倾向性,从而概率也就具有了实在性。在波普尔的论著中,先后反复提到有长序列和单个事件两种不同的倾向性构想,对此,菲泽尔概括为:"长序列构想,按照这个构想,概率是产生某些结果的实验装置的倾向性,用在长序列的实验中的相对频率来刻画;单个事件的构想,按照这个构想,概率是在它们的特定单个实验中,产生特定结果的特别装置的倾向性。"[26]

波普尔的概率倾向性解释与古典的可能性解释有着一定的联系。古典主义把事件的概率定义为有利于它出现的可能性的数目除以所有机会均等的可能性的数目。这样对一个均匀的骰子而言,在每次投掷中,得到各点的机会均等,因此得到"6点"的概率为1/6。波普尔认为,虽然古典主义的概率被解释为可能性的计算,但是它仅仅关系到等可能情形,这样,古典解释反而存在可能性缺失的问题。如对一个灌了铅的骰子而言,得到各点的可能性应该是机会不均等的可能性,而对此类问题,古典意义上的概率定义不能适用[22]200-202。为了能对各种可能性进行概括，应该对古典的概率解释进行普及化。波普尔认为，倾向性虽然是隐藏的、不能直接观察的，但是它是每种可能性的内在属性，可以根据外在的相对频率的结果来表达，因此，他的倾向性解释是关于可能性的自然解释，是普及了的古典概率解释。

波普尔声称，不仅古典概率定义中存在可能性的缺失，而且仅仅假定可能性来计算概率也显得不够。因为通常的可能性只能理解为逻辑可能性，当我们说某个事件的发生有可能性时，可以理解为它只是在某个可能的世界有产生的条件，是可能的，但是在我们生活的物理世界，它可能就不具有产生的条件，是不可能的。这样，我们可以说某个事件是可能的，同时又可以指它在物理世界实际是不会出现的。而这对于概率而言是不可理喻的，我们不能说一个事件有发生的倾向性，同时坚持它实际是必然不发生的。因此，波普尔认为，不仅概率应该是与我们生活世界的物理属性相联系，不应该是逻辑上的概率，而且在可能性和概率之间有着区别，把可能性的计算作为倾向性是不合理的。他提出的倾向性与可能性是不同的，它们不仅包容各种纯粹的可能性，而且还具有导向实在的倾向或趋向：这些将自身现实化的倾向或趋向是一切大小程度不同的可能性的内在属性，是保持统计结果稳定的某种力量[22]204。这样一来，通过这种力或力场一样具有物理实在的倾向性，在相关物理情境不变的基础上，这些具有导向实在的倾向会保持一种稳定的统计平均值，从而取代了事件发生的可能性，借助重复出现事件的相对频率，我们就可以对未来事件进行预测。

波普尔的倾向性解释反映了波普尔持有非决定论因果观。在量子力学之前，物理世界一直是决定论的因果观占据着主导的地位。爱因斯坦也持有这种观点，他认为客观的或者完全的理论应该是决定论的理论，他通过薛定谔猫(Schrödinger's Cat)的例子来说明量子力学要么不具有完备性，要么它就不描述任何实在的东西，利用的是不完全的知识，是主观主义的理论。这和波普尔的观点发生了分歧。波普尔是一个非决定论者，他坚持物理世界是非决定论的，不仅量子世界是非决定的，经典物理学也是如此。因为我们已经证实，经典物理学只是外观上(或表面上)的决定论；它的决定论只适合解决一类特殊的问题，例如牛顿的二体问题(the Newtonian two-body problem)，而当考虑更宽广范围的问题时，它就转向非决定论了[22]219。他认为量子力学的确描述了一种真实事态，尽管不是一种决定论的事态，这只能说明，在物理世界里昔日笛卡儿式的决定论是不存在的，“在物理世界里不是所有的事件在一切极微的细节上都绝对精确地预先决定了的”[27]231。而非决定性和实在性不相矛盾，实在本身可能就是非决定性的。所以，在他看来，量子力学的非决定论的事实表明了一种不完备性，“但这种不完备性可能不是该理论即该描述的一个缺陷，而是反映了实在的非决定性、事态本身的非决定性”[21]217。并且，波普尔认为，“就连‘每个可观察或可测量的物理事件都有一个可观察或可测量的物理原因’这一公式仍然是和物理非决定论相一致的”[27]。只不过这个原因不再是预先的条件，相对于一套已被接受的理论，原因可以用初始条件来描述，但是我们生活的世界，情境和可能性都无时不变，倾向性也无时不变，这里的原因是使倾向性实在化的最后时刻的那些条件。因此，波普尔认为非决定论、实在论和客观主义三者是相容的，声称只要接受了概率的倾向性解释，就可以澄清这个困惑。

当然，波普尔的倾向性解释也有许多优点。首先，概率的倾向性解释克服了频率理论的缺陷，它能够给予单个事件的概率一个客观的解释。波普尔的单个事件的构想不需要定义倾向性为显示在长序列实验中的一个属性，只是通过假定一个真实的、实在的倾向性，就可以把倾向性看成一个原始的概念，就像物理学上的力一样的理论概念，不再需要被定义或者还原到其他概念。因此，用这个方法能够满意地解释一个单个事件应该有一个概率，甚至它仅仅发生一次，因为它的概率是它的产生条件的一个内在的、实在的属性，它由它们产生。

同时，概率的倾向性解释不仅在理论上比频率解释更简单，而且使得频率理论成为多余。偶然现象在自然界到处可见，但是对于为什么这些重复出现的偶然事件会显示出稳定的统计数值，频率理论不能给予自然的解释。对冯·米塞斯的频率理论中的序列而言，要事先规定此序列必须满足两个公理，即收敛公理和随机公理[15]29，这样一来，就使得他的理论是建立在规定的、需要满足某些条件的序列之上，因此会受到较多的约束。而波普尔则认为，既然现代数学理论已经给出了长序列差不多都是随机和收敛的理由，我们就没有必要格外规定这些要求，频率理论已经失去了它的独立存在，变成倾向性解释的一部分。

另外，倾向性解释与我们日常直觉思维相一致。在日常生活中，当我们说到投掷一个骰子得到“6点”的概率将是多少的时候，我们的本意或许是指我们每次投掷得到“6点”的概率将是多少，哪怕是投掷有限次数，甚至是指下一次投掷得到“6点”的概率将是多少，而不是指经过重复的多次投掷后，这个骰子得到“6点”的相对频率是什么。因此，倾向性解释比起频率解释似乎与我们的直觉思维更吻合。

然而，倾向性的概率解释同样存在理论上的困难。首先，波普尔在提出概率的倾向性解释后，不仅不断扩大倾向性解释的适用范围，而且将倾向性归结为整个物理情境的属性，势必会引入一些隐藏的物理实体。波普尔引入客观的概率倾向性解释的本意是为了避免由于主观主义的介入，使得物理学中的理论变得不可证伪。但是，他同时规定，在物理学中，倾向性不能被看成一个客体的属性，客体只是其中一部分。在物理学中，倾向性（趋向性）是整个物理情境的内在属性[22]209，并且物理情境是变换的。这样一来，倾向性解释就有一个缺点，它势必会引入一些隐藏的东西。比如波普尔认为一个人再活一年的倾向性要取决于人的身体健康状况的内在特性，取决于个人的经济状况、医疗服务机构的经济状况以及医疗人员的素质，等等，而且这些条件还必须是在倾向性结果实在化之后才能确定。

其次，波普尔主张把观察者驱出实验的做法是不实际的。作为实在论者，波普尔认为观察者正在入侵物理学，因此他要把观察者逐出物理学，逐出实验。他认为量子力学的几率描述不反映我们对认识的缺乏，而是该物理系统与特殊实验装置发生联系时的倾向性。但是，这种将倾向性和离开了观察者的实验联系起来是不现实的，因为如果倾向性仅仅依赖于实验装置，我们将无法直接测得它。

最后，这种解释在解释因果关系的时候遭受到了汉弗莱悖论（Humphrey's paradox）的困扰，这不能不说是一个缺憾。一般情况下，在原因和结果之间有着一个确定的不可逆的方向，也就是说原因有不对称性。但是对于条件概率而言，似乎它是对称的，因为如果对于事件A，B，$P(A|B)$被定义了，那么$P(B|A)$也被定义了。这样一来，条件概率的表述和对于概率的

理解有着冲突。汉弗莱首次注意到这种情形，他说："首先考虑一个传统的决定性的倾向，比如当被一个重物击中时窗户玻璃粉碎的情形。给出一些理想情形，即当被一块岩石击中，窗户一定粉碎。并且在任何恰当的条件出现的时候，这个情形的表现将被显示。但是如此决定性的情形经常是不对称的。当窗户破碎的时候，它没有被一块岩石击中的情形，……这个不对称的原因是许多被密切地和因果关系相联系，结果它们常常有后一种关系的不对称性。因此我们应该期望倾向性作为一种特殊种类的情形，有一个相似的不对称性，并且实际上它们也是这样，虽然可以成为程度，这种情形理解起来多少有点不同。"[28]基本的意思是，可以说窗户被击中会有一个破碎的情形，但是不能说窗户破碎会产生一个被击中的情形，这明显是一个没有对称性质的因果关系。联系到概率关系，我们可以看出产生条件和由条件产生的结果之间的联系肯定是不对称的。只能说整个实验装置产生实验结果，不能说实验结果产生整个实验装置。如果对于倾向性解释来说，这种不对称存在的话，那么对于条件概率的倾向解释将存在问题。1979年，萨尔蒙公开发表文章说，正如汉弗莱在私下的交流中已经提出的，用倾向性定义概率有一个重要的缺陷，因为我们似乎不能使得倾向性和"颠倒的"概率相配合。比如，给定合适的"方向"概率，我们能使用贝叶斯定理计算一个特别的死亡原因的概率。假定给我们一组概率，从它们中我们可以推导出某人由于头部中弹的结果而死亡的概率是3/4。在这种情形下，说尸体有一个3/4的倾向性使得他的头部被子弹打穿，这将是很奇怪的。我想，倾向性是一个在表示因果关系的概率理论的上下文中有用的表示原因的概念，但是，如果使用这个方法，它似乎继承了因果联系的暂时的不对称。菲泽尔在1981年将此命名为"汉弗莱悖论"，这被看作概率的倾向性解释的重要缺陷。

1.2.3.3 概率的逻辑解释

大家公认的，第一个给出了概率逻辑的公理系统的是剑桥经济学家、概率理论家凯恩斯。他最早提出了概率是两个命题或者命题集合之间的逻辑关系，发展了一种认知理论，阐明了在知识和合理信念之间有着概率关系，通过这个关系我们就可以由知识逻辑地推出程度不同的信念。

凯恩斯的逻辑概率论的核心是概率不能被测度，拉姆齐正是在对其进行批评的基础之上提出了自己的主观概率思想。步其后尘,将概率逻辑系统发展到极致地步的是维也纳学派的卡尔纳普。概率逻辑解释的基本观点是概率既不是事实的,也不是可证实的,概率陈述和经验结果之间并不存在任何直接的必然关系,概率关系被看作证据与命题(假说)之间的一种确证度关系。此种概率解释在20世纪50年代发展到顶峰之际,也同时宣告了概率逻辑解释时代的结束。它的缺陷之一是过于受古典概率理论思想的影响,以至不得不采用和古典理论中的无差别原则没有本质差别的中立原则来限定概率的唯一性,这使得它逃不出该原则带来的悖论的困扰。

维也纳学派的卡尔纳普是逻辑经验主义的主要代表人物之一,被称为"伟大的形式化家",蒯因称他为自从1930年以来,如罗素在前20年那样,是支配当时哲学的人物。如果我们说凯恩斯是改变一个时代的人,那么卡尔纳普则是代表这个时代的人。他在1945年发表的论文《概率的两个概念:概率问题》和1950年出版的《概率的逻辑基础》中,用逻辑分析的方法对他的概率理论进行了阐述,并且以此为工具对归纳逻辑进行了精确的、系统的和创造性的研究,试图建立一个关于归纳的演绎系统。

卡尔纳普对概率问题的研究有着他独特的视角,他在论文《概率的两个概念:概率问题》中详细地叙述了他的思路。作为逻辑经验主义的代表,他在文中一开始就提出造成概率问题的原因在于概念没有得到真正的澄清,因此作为解决问题的出发点是要对历史上不同的人使用概率时对它赋予的不同涵义进行考察。卡尔纳普认为在不同的历史阶段出现了不少对概率的不同解释,"概率理论的历史就是试图发现一个前科学的概率概念的解释的历史"[29]516。在进行研究后,他将它们大概分为三类,即"①古典的概念,起源于贝努利和拉普拉斯并且被他们的后继者用多种形式表述,在这里,概率被定义为有利情形的数目相对于所有可能情形的比率;②作为命题或者句子之间的某种客观的逻辑关系的概率概念,这个概念的主要代表者是凯恩斯和杰斐里;③作为相对频率的概率概念,主要由冯·米塞斯和赖欣巴赫发展完成"[29]516-517。

他认为这些概念有的是把概率的意义和日常语言中的意义联系起来,有的是只给出了这个待解释的术语的某一种意义。科学史上经常发生这样的事情,人们提出两种或者更多的解释者,彼此进行着激烈而又无谓的争论,他们错误地相信大家所讨论的是同一个被解释者,最后终于弄清楚,原来所意指的被解释者并不相同,只是不幸共享着同一个名称而已。因此,不同的解释者是可以相安无事的,它们可以同样是富有成果的科学概念,于是争论也就烟消云散[30]163-164。正是这种混乱的局面使得概率的解释有着激烈而又无谓的争论,为了使争论烟消云散,他试图澄清概率的概念。

卡尔纳普在区分了历史上的概率解释后,提出两种概率的概念,即概率1=确证度,概率2=长序列的相对频率。概率1是逻辑概率,就是前提e(证据)对结论h(假说)的确证度,这个确证度就是对概率的一种逻辑的解释。在这里,卡尔纳普把概率1解释为句子e与h之间的一种逻辑上的确证关系,证据e对假说h的逻辑确证度。如果用$C(h,e)=r$来表达,则表明证据e对假说h的逻辑确证度是r。他认为,"逻辑的确证概念不得不仅仅从逻辑的方面处理证实问题,它们是逻辑的,因此是语义概念。将它们应用于两个句子,我们称它们为假说和证据并且在我们的例子中被分别表示为h和e"[29]515。

虽然假说和证据本身是与事实相联系的,但是对于确证度而言,这不是一个事实问题。因为"一旦某个假说用h陈述出来,并且任何可能的证据用e陈述出来(并不要求它是事实上观察到的证据),那么h是否以及在多大程度上被e所确证,这个问题就能通过对h和e以及它们的相互关系的逻辑分析而予以回答。因此,这个问题是一个逻辑问题,在要求经验事实知识来发现答案的意义上,它不是一个事实问题"[29]514。卡尔纳普的意思就是,只要有两个句子h和e,那么我们就完全可以抛弃其中的经验内容,把它们纯粹作为两个逻辑上的命题来看待,这样,只需要对$C(h,e)$进行语义和语形的分析,就可以推出e对h的确证度r。

卡尔纳普对概率1有一个基本陈述,他说:"概率1的基本陈述。例如,就给定的两个变元赋予一特定的数值作为概率1的值,或为L——真(即逻辑真的,分析的)或为L——假(即逻辑假的,逻辑上自相矛盾的),从而在任何情形下是L——确定的,非事实的(非综合的)。因此,这种陈述单靠逻辑地分析便可确定,……因为它对事实无所陈述(尽管它的两个变元一般说来与事实有关),所以对事实的偶然性是独立的。"[29]522从这里,我们进一步可以看出卡尔纳普认为$C(h,e)=r$不是综合的、经验的推导,而是分析的、先验的。

卡尔纳普认为概率2其实就是频率概率。与概率1是逻辑概率相对应,概率2是一个经验概率。他说:"一个概率2的基本陈述是事实的并且经验的,它谈论的是自然事实,因此必须以经验方法和相关事实的观察为基础。概率2的数学理论的定理一定要从这基本的陈述中区分开来,……这些定理是非事实的,而是逻辑真的(分析的)。因此概率2的理论,例如,由冯·米塞斯或者赖欣巴赫建立的系统,不是经验的,而是数理逻辑的性质。"[29]522这就是说概率2和概率1不同,虽然关于概率2的数学定理是分析性质的、是逻辑真的,但是概率2本身则由于涉及经验事实,因此它的真或者假并不能通过逻辑分析的方法得出,它只能是综合的和经验的。

卡尔纳普用了一个$C(h,e)=2/3$的例子声称考虑到下面的4点,这将对概率2以及概率1和概率2的区别有一个清楚的理解:

"(ⅰ)c-语句'$C(h,e)=2/3$'自身并没有陈述一个相对频率,虽然,按照我们的假设,在这个事实中,C的值表明它是根据一个知道的相对频率计算出来并且等于它。

(ⅱ)相对频率2/3并不是概率2,它是在e的基础上表述的并且C的值是以它为基础的。只是在说到M_1,对于M_1在整个相关事件的序列时,M_2的概率2是M_2的相对频率。换句话说,通过e表明的相对频率是在给定的样本里被观察到的相对频率。我们对于概率2的值的估计是以在样本里被观察到的相对频率为基础而言是真的。

(ⅲ)……在某种意义上,'$C(h,e)=2/3$'可以被解释为表明了和这样一个估计相同:'考虑到M_1,在证据e的基础上,对M_2的概率2的最好的估计是2/3。'(对于不同的证据,最好的估计应该不同)如果有人喜欢称它为一个概率1的频率解释,我没有意见。

(ⅳ)在概率1和概率2之间的根本的不同应该是通过分析未知概率通常参考范围的意义来进一步阐明。"[29]527-529

对于这两种概率的适用范围,卡尔纳普认为,"统计的概率2的概念在所有的经验科学,特别是在现代物理学领域充当了重要的角色,因此解释这个概念的工作对于科学来说是很重要的"[29]519。不过,因为他的整个归纳逻辑可以说就是关于确证度的,所以他坚持在这些领域拒绝概率1的概念是不合理的,概率1应该是基础性的。

虽然,卡尔纳普建立了概率的逻辑解释,但是概率的这种解释存在着自身的问题。第一,概率的逻辑解释认为概率只能是一种逻辑上的推理,也就是任意命题H(假说)与证据E之间所具有的逻辑关系,或者E对H的归纳支持程度。在此种解释看来,概率陈述和经验之间没有直接的必然联系,只是通过资料之间的逻辑关系达到对概率事件的一种估计。例如,在天气预报中,说明天下雨的概率是70%,这只是一种估计,不过这种估计与个人的主观判断没有关系,这只是已有的气象数据与预报之间的一种逻辑上的关系,即根据现有的对各种气象资料综合分析得出的一个最好的估计。

第二,卡尔纳普和凯恩斯有一个重要的区别,凯恩斯强调不可能对概率关系做到定量的刻画。但是卡尔纳普恰恰和他相反,他认为他的逻辑概率是要做到能通过一种形式化的手段达到对概率1的定量的刻画,可以说这是他的一个基本的信念,不过,最终没有获得一般性的成功。

第三,虽然把凯恩斯的概率解释归结为主观贝叶斯主义的观点是不正确的,但是在他的逻辑概率理论里面确实具有一些心理主义的倾向,他确实在一定的范围内主张概率可以被看成主观的,主张把任何命题都看作事件,把一事件的概率看作人们根据知识对该事件的可信程度。卡尔纳普则把归纳逻辑完全等同于他的确证度概率1,将它和频率概率2看成仅有的两种概率的解释,并且他声称他的概率1相对于凯恩斯的逻辑概率来说,就是剔除了凯恩斯逻辑概率里的心理主义的成分,这样就完全否定了不完全信念度概率存在的可能性。

逻辑概率另外一个重大的缺陷是对称性问题。凯恩斯的概率理论要做到用数值表示,就必须求助于对称性条件,从而可以利用中立原则确定结论相对于前提是等概率的。卡尔纳普虽然不认为对称性的选择是唯一的选择方式,但是依然要求助于对称的测度函数和确证函数,并且他同样不能给出让人信服的理由。这样一来,概率的逻辑解释不可避免地要选对等的概率来确定每一事物的真实值,这肯定会遭受到中立原则悖论的困扰[中立原则也就是古典概率理论中的不充足理由原则,拉普拉斯曾经以这个原理为基础计算出太阳第二天升起的概率竟然是1/1826214。关于中立原则悖论的一个典型的例子是立方体悖论:如果有一个边长在2到4之间的未知立方体,那么它的体积是多大?因为现有的条件不能给出我们那种可能性等大,因此我们只有按照中立原则来进行对称性的等概率考虑。对此我们有两个考虑问题的角度,如果我们从边长来考虑,那么按照中立原则应该选择边长为3(或者是体积27);如果我们着眼于立方体的体积考虑,它的体积只能在8到64之间,那么按照中立原则,应该选择的体积为(8+64)/2=36。这样一来,就出现一个很荒唐的情形:根据相同的原则,我们得到的边长为3,体积是36,这个矛盾的立方体如何构建出来呢。或者说我们根据相同的原则一方面得到的体积为27,另一方面得到的体积为36,同样出现了矛盾的结果],这就使得这种解释运用的合理性出现问题。

1.2.4 主观主义概率观主要发展脉络

概率的主观解释虽然是概率哲学或归纳逻辑中的一种观点,但随着现代决策论的发展,该理论得到越来越多的重视。因为在决策论那里,主体决策依赖于建立在其认知上的对外部事件的主观评价,因而不确定事件的概率在不同决策者那里是不同的,且它大大影响决策者的策略选择。这一点至少可以从客观概率论者凯伯格的话中体会出来,虽然凯伯格是客观概率论者,但是他对主观主义的概率理论同样有着深入的研究,承认主观主义的概率理论在许多领域有着重大的影响和重要的方法论地位。1980年,他将主观概率的典型理论加以整理,出版了《主观概率研究》,为人们研究主观概率提供了方便。1978年,他在发表的论文《主观概率:批评、反思和问题》中说:“主观概率的理论肯定是上几十年中影响最为广泛的理论之一。它最早是由概率理论家和哲学家,然后,又由一些非传统的统计家发展起来的。……它从统计学扩散到经济学、政治学和一般社会科学。它又从哲学扩散到心理学和决策论,然后再影响到经济学和政治科学。虽然不能说它在所有这些领域中能占有统治地位,但不管从研究主题还是方法论来说,它在任何这些领域中都具有值得尊重的地位。”[31]尤其在心理科学和决策科学日益发展的今天,更突显出以主观主义概率观研究为题的意义。

相对于前几种概率解释遇到的问题而言,概率的主观主义解释遭受到的问题较少。主观主义概率解释的基本观点是:概率是一种信念度,是人们对一个事件或一个命题的合理性的相信程度。概率是主观的,因为它与一个特定个体所拥有的知识信息相关。与逻辑解释相比,主观解释允许拥有同样证据的不同主体对同一命题(假说)赋予不同的信念度即概率。这就避免了逻辑解释要求概率的唯一性而带来悖论的窘境,不过主观解释这一宽松的要求也恰好成为哲学家争论比较多的地方,虽然主观主义的概率解释本身对这个问题给予了自己认为合理的理由。

主观主义概率观的源头主要在贝叶斯和拉普拉斯那里,它的正式提出应该归属于拉姆齐和菲尼蒂。托马斯·贝叶斯[7]181–211是英国数学家和基督教长老会的牧师,他是对归纳推理给出精确定量表达方式的第一人,他在著作《论机会学说中的一个问题》中提出了人类向经验学习的一个规范性理论,后人称之为贝叶斯理论。根据这一理论,人们可以根据新的信息对关于某个命题的信念度进行修改或者进行更新,可以根据已经发生的事件来对未来事件进行预测。国际权威性的统计杂志《生物计量》鉴于此文的开拓性的贡献,于1958年全文转载了这篇文章,从而牢固地奠定了它在贝叶斯学派的基石地位。

贝叶斯在《论机会学说中的一个问题》[7]188是以问题"给定一个未知事件发生和失败的次数,求其在一次试验中发生的概率位于任意指定的概率度之间的机会"开始的,接着,将概率定义为"任一事件的概率,等于应予以计算的依赖于该事件发生的期望值与该事件发生时所预期的值之比"。并且,他强调"机会就是概率"。这个定义用数学符号可表示为:假定先验知识为H,如果当且仅当事件q发生时得到的收益为a,依赖于事件q的期望收益用$E(a,q|H)$表示,则给定H时事件q的概率$P(q|H)$为$E(a,q|H)$。这可以通过一种打赌的方法来进一步理解贝叶斯的概率定义。分子"应予以计算的依赖于该事件发生的期望值"是一个主观值,可以理解为某人针对该事件的发生所下的一个公平赌注,分母"该事件发生时所预期的值"则可以理解为当打赌的事件实际发生时,他应该获得的收益。当然,如果该事件最终没有发生,此人则失去所下的赌注。

贝叶斯的重大贡献在于以他的名字命名的"贝叶斯定理"。用公式可表示如下:

$$P(B_i|A)=P(B_iA)/P(A)=P(B_i)P(A|B_i)/\sum P(B_i)P(A|B_i)\ ,i=1,\cdots,k。$$

右边的$P(B_i)$称为B_i的验前概率,$P(A|B_i)$为B_i对A的预测度,等式左

边的 $P(B_i|A)$ 称为 B_i 相对于事件 A 的验后概率，这是在已有附加信息（即事件 A 已发生）之后对事件 B_i 发生的可能性做出的重新认识，体现了已有信息带来的知识更新。贝叶斯定理所说的逆概率其实也就是我们现在经常提到的条件概率，之所以称之为逆概率，是因为在已知条件概率 $P(A|B_i)$ 时，求当 A 发生时，B_i 的条件概率 $P(B_i|A)$。

由于定理满足柯尔莫哥洛夫公理[柯尔莫哥洛夫公理：对于一个样本空间 Ω（非空集）和一个 σ 域 Φ（事件域 Φ 是 Ω 中某些满足下列条件的子集的全体所组成的集类：$\Omega \in \Phi$；若 $A \in \Phi, \overline{A} \in \Phi$；若 $A_1, \cdots, A_n \in \Phi$，$\Phi$ 则 $\bigcup_{n=1}^{\infty} A_n \in \Phi$，满足这三个条件的 Φ 称为 Ω 上的 σ 域，Φ 称为事件空间，并称 Φ 中的元素为事件），设 $P(A)$（$A \in \Phi$）是定义在 σ 域 Φ 上的实值函数，若它满足下面的条件：①对所有的 $A \in \Phi$，$0 \leqslant P(A) \leqslant 1$；②$P(\Omega)=1$；③给定 $A_n \in \Phi, n \geqslant 1$，$A_n$ 是互相排斥的，那么可列可加。$P(\bigcup_{k=1}^{\infty}) = \sum_{k=1}^{\infty} P(A_k)$。那么称 P 是 Φ 上的概率测度，值 $P(A)$ 为事件 A 的概率。其中，样本空间、事件域和概率这三个要素的三维空间 (Ω, Φ, P) 为一个概率空间]，所以 A 和 B 被解释成事件、命题或者假说时，定理都是有效的。因此在作为贝叶斯推断的起点时，B_i 应该考虑成一个对事件 A 的假说集合 H_i，并且当且仅当有一个假说为真，A 相应地为实际得到的观察结果（样本数据）。

在试验或者观察前，如果对所有的 $i=1, \cdots, k$，已知：① $P(H_i)$ 即不同假说的先验概率；② $P(A|H_i)$ 即 H_i 为真时 A 被观察到的概率（样本数据的似然）。那么，"我们就能够把贝叶斯定理重新解释作提供一个样本数据的使用把我们用先验概率 $P(H_i)$（$i=1, \cdots, k$）来表达的原来知识状态予以更新的工具，这个校正的评估表现后验概率 $P(H_i|A)$（$i=1, \cdots, k$），即在我们利用由观察 A 的发生所提供的新信息后不同假说 H_i 真的概率。这些后验概率（逆概率）由下列公式得出：

$$P(H_i|A) = P(A|H_i)P(H_i) / \sum_{1}^{k} P(A|H_i)P(H_i), \quad i=1, \cdots, k。$$

贝叶斯推理的本质就是：相对于 A 的 H_i 的后验概率同 H_i 的先验概率与 H_i 真时 A 的似然的乘积成正比（上式右边的分母不过是独立于 i 的标准

化常数)”[20]252。哈金在《统计推断的逻辑中》也特别提到这一点:“贝叶斯定理是指$P(A|BC)$是与$P(B|AC)P(A|C)$成比例的(比例常数依赖于B和C,而不是对所有的A都是不变的)。让A,B和C是命题;特别地,A为一假说,C是一些估计该假说的初始的知识,B是一些进一步的数据,或许是一个新的试验结果。那么$P(A|BC)$是B和C支持A的程度,即根据初始的和新的数据支持A的程度。如果B是一个新的试验的结果,$P(A|BC)$应该是对A验后的支持,即在试验B之后,对A的有利的支持。按照这个思路,$P(A|C)$是对A验前的支持,即在了解B之前对A的支持。最终,$P(B|AC)$是在假说A外加数据C后,对试验结果B的支持,这和如果A是真的得到偶然事件B相对应,并且和根据B得出A的似然相对应。因此,贝叶斯定理可以这样表达而留在记忆里:验后的支持∝似然×验前的支持。”[8]191 从这里的$P(A|BC)$的含义,更能看到它是一个以先验信息和后验信息为综合依据的逻辑推断。由于贝叶斯定理可以计算出未来试验中事件出现的概率,并且由于它对事件的先验概率的估计很宽泛,只有(0,1)之间的这个条件,所以为人们对将来事件的主观预测提供了一个途径,成为之后主观主义概率解释的一个基础理论。

虽然,霍格本在1957年说:“一般人认为的贝叶斯的思想大部分是Laplace的。”[7]175 并且拉普拉斯在没有提到贝叶斯的情形下,在1774年的一篇文章中论述了贝叶斯文章中提到的问题,虽然没有满意地加以解决,但是,已经包含了“先验的(先前的,起初的)每个‘原因’的概率都是一样的”[7]175 的思想。1778年,拉普拉斯产生了与贝叶斯原则一致的(“当我们对于像一个事件的概率之类的先验知识一点都不知时,我们必须假定所有概率,从0到1,都是相等的,……”[7]176)看法。虽然,贝叶斯仅有的两篇论文是在其死后由其朋友整理发表的,并且这位朋友也参与了论文的写作,不过,正如费希尔指出的:他自己在头脑中就有这样的概率思想,他认为贝叶斯是一个独立的思想家。而拉普拉斯和贝叶斯是分别在法国和英国独立从事研究的,并且由于拉普拉斯的先验概率的均匀分布的思想与当时英国提倡的频率论概率观相违背,遭受到多年的批评[7]175-176。因此,我们可以认为主观主义概率思想源于贝叶斯和拉普拉斯。

对概率进行经典的主观主义论述的学者并不少。本书对主观主义概率观的起源、代表人物、主要问题将进行综合性研究，之所以选择拉姆齐、菲尼蒂和萨维奇为研究对象，是因为拉姆齐和菲尼蒂两人在20世纪二三十年代分别独立地提出了自己的主观主义的概率思想，他们是主观主义概率观的正式提出者。其中，拉姆齐首次阐释了“概率即部分信念”的主观主义概率思想，开辟了概率研究的新视角；菲尼蒂对主观概率的主要贡献则在于，他提出“可换性”概念，并以此为基点得到概率的特征定理，以及给出了著名的意见收敛定理，从而建构起主观主义的概率解释理论。而将主观主义的概率思想运用到实际决策之中的是萨维奇，他在1954年对不确定情形下理性人的行为选择进行了系统的研究，将主观概率思想发展成为主观贝叶斯决策理论。

主观概率思想在最初提出的时候确实没有受到人们的重视，到了20世纪，不确定性开始成为主导力量，概率问题再次成为科学家、数学家、哲学家关注的焦点。拉姆齐在1926年第一次正式明确提出了主观概率的思想。他的这一思想主要体现在他的《真理与概率》这篇文章中，该文章日后成为博弈论的奠基性著作。拉姆齐的核心思想主要是，首次将主观的部分信念作为概率的一种解释，将概率的主观解释视为概率的频率解释的一个补充，提出用打赌的方法来测定部分信念。运用荷兰赌论证提出对个体的信念度只有唯一的约束条件，即一致性条件，并且拉姆齐还发展了一个效用理论，给出了不确定情形下进行决策的理论轮廓。拉姆齐给信念度和主观概率所下的定义给现代私人主义的概率论和贝叶斯决策论奠定了基础。

20世纪30年代，菲尼蒂认为从操作主义的角度来看，用打赌的方法来测量信念是一种合理的方法，是一种理想主义的构想，这种理想化是发展主观概率理论必须的。基于此，他提出了主观主义的概率思想，并且将之发展成为一套主观主义的概率理论。菲尼蒂引入独特的“可换性”概念，他认为自己的理论之所以是纯粹主观主义的，就在于可换性概念是主观的，其中没有任何客观因素，他的可换性概念可以作为一个桥梁将旧的客观的频率论的方法和他的新的主观方法联系起来。以可换性概念为基点，他提出了意见收敛定理，从而对频率问题给出了主观主义的解释，这也是他对主观主义概率观的主要贡献。不过，这里要注意的是，他与拉姆齐不同，他并没有肯定概率的客观解释，而是将概率的主观解释看作对概率的频率解释的一种取代,要把频率解释化入主观的解释之中。

到了20世纪中期,随着萨维奇提出了主观期望效用理论后,人们逐渐认识到主观概率的重要性,主观概率的方法开始逐渐在各个领域受到人们的尊重,"主观贝叶斯主义"这个学术标签在决策领域越来越流行。萨维奇效用决策的方法与拉姆齐不同,拉姆齐通过效用对信念度进行定义,给出了不确定情形下进行决策的轮廓,萨维奇则进一步提出理性人的行为选择是以主观期望效用最大化为根据。萨维奇在1954年的《统计基础》里将主观概率应用到统计学中,发展了一个能为合理决策理论提供更广泛基础的公理系统。但是,主观期望效用理论遭遇到阿莱斯悖论和埃尔斯伯格悖论的挑战,这两个悖论显示了,人们实际行为选择并不总是和该理论相一致,出于辩护和摒弃,现代决策理论的研究开始朝着理性和非理性决策两个方向发展。一是继续坚持理性决策宗旨,或对现有的期望效用理论进行改进,或研究更具一般性的理性决策模型。二是质疑期望效用理论本身,开始考虑行为人行为时的心理因素。

2 概率即部分信念

主观主义的概率观一般是指主观贝叶斯学派的观点,它的最初源头可以追溯到18世纪的贝叶斯,但是,主观主义概率观正式提出的时间应该确定在20世纪初。因为直到那时,才由拉姆齐和菲尼蒂分别正式提出了自己的主观主义概率观。这种概率观认为概率是主观的,人类据此进行推理和行动,并且这种概率观有自己合理的主观基础,即荷兰赌定理,这也使得它与概率的客观解释和逻辑解释相比有更多的优越性。

2.1 主观主义概率观的提出

主观主义概率观的真正提出者是拉姆齐和菲尼蒂,在20世纪二三十年代他们两人分别独立地在自己的国家提出了概率的主观主义解释。通过科学史可以看到,在人类探索科学的历程中,有着不少同时发现的事例。例如,牛顿与莱布尼兹的微积分,达尔文和华莱斯的进化论,迈尔、焦耳和亥姆霍兹等从不同角度对能量守恒和转化定律进行研究和描述,等等。之所以会出现这些几乎同时发现的情形,无疑是因为他们在科学研究的过程中,在考察前人成果的基础上,发现了现有理论的缺陷或者不足,这使得他们思考到了某些共同问题,并且对问题的解决产生了一些相同的主要思想。当然,产生这样共同思想的背景知识以及具体到一些解决问题的方式、方法和途径可能不同。

拉姆齐是第一个正式提出主观主义概率观的人。剑桥英才拉姆齐通过对凯恩斯的概率逻辑解释的辩驳,梳理出主观主义概率观思路。1926年,拉姆齐首次正式阐释了"概率即部分信念"的主观主义概率观。部分信念可以通过打赌行为显示出来,概率数值的大小可以用赌商来测定。进而,通过荷兰赌论证,概率论的逻辑规律在主观主义观点中被严格确立,这种观点的合理性具有科学的主观基础。

2.1.1 拉姆齐对凯恩斯概率观的批评

拉姆齐出生于1903年2月,他的生命停留在1930年,他27岁生日前。早逝的他在数学、哲学、逻辑学和经济学领域做出了拓荒性的贡献,成为英国的一个天才数学家、哲学家、逻辑学家和经济学家。他的大部分论文由他在剑桥的好友布雷斯韦特收集、整理成《数学基础和其他逻辑评论》一书,并于1931年出版。1976年,剑桥的梅隆对他的手稿重新进行编辑出版,为了充分体现他的研究领域,将书命名为《基础:哲学、逻辑学、数学和经济学论文》。

1920年,年少的拉姆齐到剑桥大学的三一学院攻读数学,他天才的思维受到众多大师的赞叹。1921年,布雷斯韦特把拉姆齐介绍给了凯恩斯,正逢那年凯恩斯出版了他的《概率论》。在著作中,凯恩斯把概率解释成一种逻辑关系,这一思想后来被科学哲学家卡尔纳普在1950年出版的《概率逻辑基础》中发展成为归纳逻辑的基础。其实,在凯恩斯提出这一思想后就有反对的意见,虽然凯恩斯对大多批评都不屑一顾,但是他唯独对来自拉姆齐的批评感到信服。拉姆齐认为,实际上并没有凯恩斯所说的那样一种逻辑关系的概率关系,因为他和其他人一样都没有弄懂凯恩斯所说的那种关系,并且如果按照凯恩斯的方法,我们也只能得到在分子力学中这种问题只是一个物理问题,而不是纯逻辑问题。凯恩斯认为只有拉姆齐真正一针见血地指出了问题的本质,这使得凯恩斯最终放弃了自己的概率理论。

不过,拉姆齐对凯恩斯的批评并没有影响到他们之间的友谊。相反,凯恩斯竭力要求剑桥大学的国王学院在1924年将年仅21岁的拉姆齐发展成为研究员。这样,拉姆齐开始在剑桥讲授数学,并在1926年得到一个大学数学讲师的职位。除此之外,凯恩斯还鼓励拉姆齐进行经济学的研究,参加自己的研究课题,这促成了拉姆齐在1927年和1928年分别在《经济学杂志》发表了两篇对数理经济学发展作出杰出贡献的论文:《对赋税理论的一个贡献》和《储蓄的数学理论》。对于拉姆齐所写的经济学论文,凯恩斯给予了很高的评价，认为虽然这对一个经济学家阅读来说是相当困难的，但是，赞赏文章里体现出来的科学和美学的性质被完美地结合并不困难。情况也确实如此，拉姆齐的思想总是要比他同时代的人的思想要超前，他在这两篇论文中所具有的经济学思想一直到20世纪60年代之后才开始得到极大的发展，成为主流经济学的思想。以至当代凯恩斯主义集大成者，著名经济学家萨缪尔森在1995年的论文中将拉姆齐与先知先觉的万能的上帝并列。

拉姆齐之所以取得如此杰出的成果，一方面，这和他的数学天赋分不开，他在论文《形式逻辑上的一个问题》中提出了日后用他名字命名的著名的“拉姆齐理论”，这使得他可以娴熟地运用数学这个分析的工具；另一方面，他善于对问题进行理性的思考，这一点可以从他少年时代经过深思熟虑后决定信仰无神论看出，并且他的思想自由、活跃，不受权威的观念束缚，这使得他可以拥有自己独创的思想。

令人吃惊的是，虽然拉姆齐在众多的领域都做出了杰出的贡献，但是，根据梅隆的《剑桥哲人：弗兰克·拉姆齐》的记载，拉姆齐不是学究似的整天泡在书堆里的书生，他并没有把全部时间都用在学术研究上，相反，他的业余爱好十分广泛，音乐是他的一个主要兴趣，他尤其会花很多时间在古典音乐上。

还有一点非常值得一提，年轻的拉姆齐同当时很多顶尖的大师都有着良好的交往，除了凯恩斯外，罗素、摩尔、维特根斯坦等也都对他大为赞赏。罗素在《我的哲学的发展》中多次提到拉姆齐，当然对于拉姆齐来说这是当之无愧的，他对怀特海和罗素的哲学是深有研究的，写过不少手稿。例如，他明确区分了集合论悖论和语义悖论。摩尔出于对拉姆齐的怀恋，为布雷斯韦特出版的拉姆齐的书做了序。而维特根斯坦更是在和拉姆齐一道探讨哲学问题的过程中建立了终生的友谊。在拉姆齐临终前的几小时，维特根斯坦一直在医院陪伴着他。他们对拉姆齐的评价，除了称赞他的天赋外，都一致认为他幽默、宽容、谦逊、随和，还特别淳朴。

凯恩斯在研究概率的时候，在统计学和逻辑学领域，频率理论是占主导地位的。但是他并没有接受那已普遍被大众所认可的频率解释，相反，他批判了频率学派依靠经验和观察来决定概率值的做法。与频率理论不同的是，凯恩斯的概率与随机试验没有直接联系，凯恩斯认为概率和知识有关，他说："概率理论所关心的是我们通过论证（argument）得到的知识，它处理论证的结论所具有的各种确定或不确定程度。……在形而上学、科学以及人的行为中，我们所进行的大多数论证都被认为具有程度不等的不确定性。而我们往往把合理信念（rational belief）建立在这样的论证基础上。为从哲学上考察这类知识，我们需要对概率加以研究。"[9]119-120

可以看出，凯恩斯对知识进行了分类，一类是不需要论证得到的直接知识，另一类是要通过论证才能得到的间接知识。概率理论和间接知识有关，可以用来处理论证结论的合理程度。因为在形而上学、科学以及人的行为中的大多数论证具有不确定性，这样，在前提和结论之间就没有蕴涵关系，由前提真不能必然推出结论为真，而人们也都习惯于要阐明某种程度的合理性，因此可以把合理信念建立在这样的论证之上，对它们不确定程度的大小进行概率研究。

凯恩斯确实在一定的范围内主张概率可以看成是主观的，他主张把任何命题都看作事件，把一事件的概率看作人们根据知识对该事件的可信程度。不过，对于凯恩斯而言，知识其实是无实体的、非个人的。因为他说："在对逻辑重要性的意义上，概率不是主观的。这就是说，它不是服从于人类的任性。……一旦决定我们知识的事实被给定，它在哪些情况下是可能或者不可能的已经被客观地确定了，并且独立于我们的观点。因此，概率理论是逻辑的，因为它被涉及相信程度，这个相信程度是在给定条件下合理的接受，并且不仅仅涉及真实的特别个体的相信，这个个体的相信也许是或者不是合理的。"[32]4也就是说，通过凯恩斯对概率逻辑解释的清楚的陈述可以看出，他认为逻辑概率是理性的相信度，而不是个体相信度，在认识论的概率中没有主观性，所谓的概率关系只是一种客观的逻辑关系。这样，一旦证据是给予确定的知识，有关命题在给定的条件下的可能或者不可能的就被客观地确定了，而不取决于我们的主观意志。因此，只能把凯恩斯的概率解释归结为逻辑贝叶斯主义的观点，而不能将之归结为主观贝叶斯主义的观点，虽然他与频率学派相对立，但是他认为概率是一种客观的逻辑关系。

进一步，凯恩斯认为直接知识和合理信念间也有概率关系，把直接知识所组成的命题看作最终的前提进行有根据的论证,得到的结论可以是必然的或者是可能的,即"有时能认可一个结论部分遵从或者位于一个对前提的概率关系中"。于是,我们就可以通过或然性推理从直接知识得到程度不同的合理信念。在这里,对每一个等待证明的命题,我们当然可以根据自己的意志来选择论证它的前提,但是,对于与其他命题的关系所给予我们的信念,则依然是客观地通过逻辑得到的。实际上,这表明了凯恩斯强调逻辑概率的两个基本的特性是相关性和逻辑性。

也就是说,凯恩斯的概率关系是在两个命题或者命题集合之间,他说:"实际上,我们声称正确地认识到一个逻辑联系在两个集合中,一个集合是我们称为我们的证据,并且我们假设我们自己知道的命题集合,另一个集合是我们称为我们的结论,并且这是我们或多或少根据第一个集合提供的背景来考虑的……"[32]5在这里,凯恩斯的兴趣是证据和假设两者之间的关系,概率作为一种二元关系,它应该是两个命题或者命题集合之间的关系。这样一来,"让我们的前提由命题集合h组成,结论由命题集合a组成,如果对h的知识能够证明一个合理的相信a的程度为α是正当的,那么,我们说在a和h之间有一个α度的概率关系"[32]5。"凯恩斯将'a与h之间有程度为α度的概率关系'记为$a/h=\alpha$。……$a/h=\alpha$亦称为'a相对于h具有程度为α的概率'。"[9]120这就是凯恩斯对概率的逻辑关系的解释,他认为概率是两个命题集合之间的逻辑关系,反映了前提和结论之间特有的关系。

并且,凯恩斯强调这种逻辑关系不是一个命题所具有的性质,应该是相互的关系,不是一个命题或者假设的真值。他解释说:"所有的命题是真的或者假的,但是我们拥有的它们的知识依赖于我们的情况;并且这通常是方便的,当提到命题是确定的或者大概的,这确实表达了一个联系,在这个联系里,我们坚持一个知识的全集,真实的或者假设的,并且对于它们自己来说,并非一个命题的特性。"[32]3–4这就是说对于一个单独的命题来说,谈不上有什么概率关系,它或者为真,或者为假。但是"相对于不同的前提h,a/h的值可能不同。但这并不意味着命题间的概率可以因人而异,因为对任一h,对a的合理信念程度是唯一确定的,不论我们是否认识到它是多大。从这种意义上来说,概率是一种客观的关系"[9]122。

与频率理论明显的不同在于,凯恩斯主张逻辑概率是部分概率的可测度、可比较,这也正是拉姆齐对其进行批驳的出发点。在通常对概率的理解上,如果把两命题之间的矛盾关系、蕴涵关系看作概率关系的两个极限,似乎任何两命题之间的概率关系都可以在区间[0,1]取一个确定的数值。当结论被前提逻辑蕴涵时,结论相对前提来说应该是确定性的,此时,这两个命题(命题集合)之间的概率关系应该是一个确定的数值1;如果结论与前提之间的关系是逻辑矛盾,那么这两个命题之间的概率关系就可以用数值0表示。这样一来,似乎任何两个命题(命题集合)之间的概率关系都可以在区间[0,1]取一个确定的数值,但是,凯恩斯不仅认为并非所有的概率都可以有一个确定的数值。例如,谁能准确地计算出我们今天步行出门活着回来的概率呢?而且对于有的概率关系来说,它们是不能比较的。他说:“没有实际判断的使用是可能的,通过它,一个数值能实际地给予每个论证的概率。在我们能够测度它们的范围,我们总是能够把它们排成一个有顺序的数量,这是不清楚的,对它们的值也没有任何理论原则被提出。”[32]27–28

这就是说,在凯恩斯看来,并不是所有的概率关系都可以测量的,并不是所有的概率关系相互之间都是可以相互比较的。因为,对于任意两个概率关系,可能的情形是多种的:有可能它们都有数值;有可能它们没有数值,但是相互之间可以比较;也有可能它们之间是不能比较的。他说:“那么,按照应该遵从的,我主张有些成对的概率,在他们之间没有数量的可比是可能的;然而,我们能说一些成对概率的关系是一个更大并且其他的更小,虽然不能测量它们之间的不同;并且在一个很特别的类型的事例中,在后来要处理的,对数量的数字比较将给予一个意义。”[32]34

从这里,我们可以看到,凯恩斯主张逻辑概率是部分概率的可测度、可比较,这一点和频率理论明显是不同的。他明确提出我们不可能把所有的概率关系按照一个顺序排列,因为没有这种一般性的理论原则被提出。他认为一般的概率理论只是在一定范围内考虑概率的测度和比较才有意义,这一点也正是拉姆齐提出批评的地方。

凯恩斯提到,虽然对所有的概率来说,不能把它们按照一定的顺序排列,但是对于一个很特别的类型的事例,概率之间可以进行有意义的数量上的数字比较。他的意思是,有些方法可以使得概率具有数值,从而可以对它们进行一个有大小次序的概率序列。这样，一旦两个概率都在这个序列中，那么就可以对它们进行比较，凯恩斯是用了一个形象化的路线图表示的，他得出的主要结论如下：

"（ⅰ）对于概率量度或者合理信度的种种集合，每一个集合组成一个系列，这个系列根据'中间'关系而有序，若 B 在 A 和 C 之间，则 ABC 是一个序列。

（ⅱ）任何一个概率介于 O 和 I 这两个概率量度之间，若 A 是一个概率，OAI 组成一个序列，O 代表不可能性，I 代表必然性。

（ⅲ）若 A 位于 O 和 B 之间，我们可以写作 AB，因此，OA 和 AI，对所有的概率来说总是真的。

（ⅳ）若有 AB，则概率 B 大于概率 A，可以用 $B>A$ 表达。

（ⅴ）若结论 a 带有前提 h 的概率关系 p，换言之，若假设 h 赋予结论 a 的概率 p，可写作 aPh，也可写作 $a|h=P$。"[30]153

最后，凯恩斯提出了中立原则（The Principle of Non-Sufficient Reason）。我们知道，在频率解释中并不需要一个先验的命题作为基础，它的概率值完全凭借对大量和重复事件的观察得出。在古典概率论中有一个"不充足理由原则"，利用它可以求出初始概率值。其实在凯恩斯的概率理论里，虽然他不否认经验的价值，但是他认为既然概率是由于人们基于不完全知识而凭直觉感知的，那么对概率进行测量的条件仍然需要一个古典的原则。因为要对概率进行测度，就要有一个原则来帮助我们判断，在什么样的情形下是等概率的，凯恩斯说："中立原则表明对于相关的一个命题如果没有已知的原因断言它胜于其它几个选择的命题，那么相对于这样的知识，这些选择中的每一个命题有相等的概率。"[32]42

这个原则应该是凯恩斯参照古典概率中贝努利的"不充足理由原则"得出的，同样是用来进行概率的测度："可以进行准确数量测度的仅是一类非常有限的概率。总的来说它有赖于证据允许我们运用无差别原则来作出等概的判断。"[9]123 其实，这个原则的含义和不充足理由原则没有本质的区别，都是用来在缺乏反对依据的情形下，可以根据现有的足够的知识，对判定某个问题的属性的不同的选择给予等概率的分配，只不过凯恩斯称之为中立原则。

综观凯恩斯的概率逻辑解释，一方面，他把概率看成两个命题或者命题集合的一种相关的逻辑关系，认为知识和合理信念之间有着概率关系，突破了之前频率理论对概率的看法，并且建立了一套概率的演算系统，为人们从概率的角度研究归纳逻辑开辟了新思路。另一方面，由于他认为大多数概率关系是不可测定的，不可比较的，限制了他的概率理论在归纳定量研究中的作用，受到不少学者的批评，尤其是拉姆齐从批评凯恩斯的主张出发，提出了概率主观可测度的理论，并且由于凯恩斯过于局限在古典概率的思想之中，使得他的理论遇到中立原则的悖论问题。

拉姆齐在《真理和概率》中写到"在这篇文章中概率论被看作逻辑的一个分支，即关于部分信念(Partial belief)和非结论性论证(inconclusive argument)的逻辑"，在文章中，他对部分信念的逻辑进行了研究，提出了可以对人们的部分信念进行测量，从而为在不确定条件下的现代决策理论和个人主义的概率概念打下了理论基础。

凯恩斯认为在任何两个分别作为前提和结论的命题之间，都存在一种并且只存在一种概率关系，拉姆齐通过自己没有知觉到这种概率关系论证来论证实际上没有这种概率关系。他说："但是现在让我们回到一个对Keynes先生的观点更基本的批评上去，即实际上并没有这样一种他所描述的概率关系。Keynes先生认为至少在某些情况下是可以知觉(perceive)这种关系的；但是至少就我自己来说我确信这不是真的。我没有知觉到这种关系，并且只有论证才能说服我相信这种关系存在；而且我想其他的人大概也没有知觉到这种关系，因为关于在任何两个给定命题之间存在的究竟是一种什么样的概率关系这个问题，他们之间的意见分歧是如此之大。"[12]43

因为按照凯恩斯的思路，如果在两个命题之间存在概率的逻辑关系，那么至少在某些情况下人们是可以知觉到这种关系的，而现在的实际情况是，拉姆齐从来没有知觉到这种关系，那么其他的人大概也不会知觉到这种关系，因为毕竟拉姆齐对数学和逻辑是有一定研究的。拉姆齐在这里的反对是有力量的，是能够让凯恩斯信服的，因为对于一个在数学和逻辑学上造诣颇深的人来说，毫无疑问他的逻辑直觉或者逻辑知觉能力应该是很强的。

拉姆齐接着进行论证："看来关于这些我们就仅仅知道一些普遍命题，

加法律和乘法律；这就好像是每一个人都知道几何定理但是没有任何一个人能够分辨出任何一个给定对象是圆的还是方的，而且我感到很难想象如此大量的普遍知识怎么能够和如此微少的具体事实结合在一起。当然关于某些特殊的事例，他们之间的看法倒也还是一致的，但奇怪的是这些事例总是异乎寻常的复杂；我们全都同意一枚硬币掉下时正面向上的概率是1/2，但是我们中没有谁能够精确地说出构成这个概率关系中另一个关系项的证据究竟是什么。如果我们考虑尽可能最简单的命题对（例如'这是红的'和'那是蓝的'，或者'这是红的'，与'那是红的'），这种命题对中的逻辑关系应该是最容易被发觉的，我想，没有人会自称他确切地知道联结这些命题的概率关系究竟是什么。"[12]43–44

拉姆齐置疑，既然我们能对一些异乎寻常的复杂事例产生一致的看法，即产生逻辑知觉（例如，我们都同意一枚硬币掉下时正面向上的概率是1/2），那么，如果让我们知觉一些最简单的命题对之间的概率关系，按道理来说，复杂的都可以知觉到，那么简单的应该更能够知觉到，因此，这些命题对间的逻辑关系应该最容易被发觉。但是，对于这些简单的情形，为什么却没有人知道联结这些命题对的概率关系究竟是什么，我们反而不能形成一致的意见，不能知觉了呢？可能的解释只能是命题之间并不存在逻辑的概率关系。重要的是，这是按照凯恩斯的思路进行思考的结果，因为凯恩斯是把他的归纳逻辑理论的基点放在逻辑知觉（直觉）上的（似乎拉姆齐对这一点并不赞同）。所以，如果概率是一种逻辑关系的话，我们应该很容易知觉到它。

拉姆齐进一步指出凯恩斯把概率理解为命题之间逻辑关系的观点是自相矛盾的。因为，一方面，如果有上亿万个"a是圆的和红的"这种形式的命题作为依据，那么"任何相信归纳法的人都必须承认在'这是红的'这样一个结论和'这是圆的'这个命题之间（加上亿万个'a是圆的和红的'这种形式的命题作为证据），存在一个有限的概率关系（finite probability relation）"[12]44。根据归纳理论，这一点是没有疑问的。但是，另一方面，我们又不能确切地说出任何东西来。例如，不能说出它是大于还是小于1/3，因为"我们很难假定当我们积累事例的时候会突然出现某一个点，例如在233个事例以后，从这个点开始概率关系就变成有限的从而和某些数值的关系是可比较的”[12]44。

因此,拉姆齐认为对于两个命题而言,如果有人问到其中的一个命题给了另一个命题什么概率。他不会通过观察这两个命题从而看出一种逻辑关系,他给出的结论是:“我倒是会试图想象我只知道其中的一个,并且试图猜想出在这种情况下我会在多大程度上信赖另一个。……并且把它称为概率度。”[12]44-45于是,拉姆齐引入了概率度来替代凯恩斯的概率关系,并且将概率度和相信度联系起来:他认为,没有人是通过观察两个命题而估量联结它们的概率度的(degree of probabity),凯恩斯总是特别看重他自己的实际的或者假设的相信度。在拉姆齐看来,这一点是通过他对自己的行为的观察所证实了的,并且也只有这样才能说明一些事实。这里的才能说明的事实是前面提到的,看不出两个最简单的命题之间有着一种逻辑关系的事实。言下之意就是,认为概率是个体对一个命题的相信度的量度。其实,在这里有一个被证实了的事实,这个事实就是:实际上人们的行动很大程度上由他们的相信度或者信念度来决定的,这个部分信念就是他们给予的事件发生的概率。

这样一来,按照拉姆齐的思想,在两个命题之间,不同的个体在面对相同的命题(证据)的情形下,对另一个命题(假说)有着不同的相信度应该是合理的。实际上,这和凯恩斯概率理论有着根本的不同,因为在凯恩斯的理论中,不同的个体对于假说的相信度只和给定的证据有关,在不同的理性个体之间没有主观上的差别,而拉姆齐恰恰相反,他说的概率是个体的部分信念。

拉姆齐还针对凯恩斯反对概率关系数值测度的观点进行了反驳。拉姆齐认为,只要我们说概率关系度和相信度相同(即:如果在两命题之间存在a度的概率关系,那么我们就应该从对前提的完全信念得到对结论的a度信念)的时候,我们一般就预先假定了两者都可以用数值表示,并且两者的数值应该是相同的。但是,由于凯恩斯认为概率不总是可以用数值来表示的,因此,对于凯恩斯的“相信度和概率关系度相同”这个断言(即:如果在两命题之间存在a度的概率关系,那么我们就应该从对前提的完全信念得到对结论的a度信念)只能理解为在概率关系和相信度之间有一一对应关系。这样一来,“这种对应显然必须含有大于和小于的关系,从而使得概率关系的多重性和相信度的多重性在Russell先生的意义上相似。我想，Keynes先生没有看清这一点是很遗憾的，……人们也可以论证说，在这样一种情况下真正的结论并不是如Keynes先生所认为的那样，非数值的概率关系对应于非数值的相信度，而是相信度（它们总是数值化的）并不一一对应于为它们辩护的概率关系”[12]42-43。

进一步，拉姆齐认为相信度有可能通过某种仪器来测定数值，如果这样的话，那么按照凯恩斯自己的表述，所有的概率关系都可以由相信度得到测度，这显然是和凯恩斯的本意相违背的。也就是说，凯恩斯的表述是有缺点的，这或许可以通过修改为“概率不总是数值化来表示”来消除矛盾。

2.1.2 拉姆齐提出主观主义概率观的思路

拉姆齐在对凯恩斯概率理论进行批评后提出了概率主观解释理论。在《真理与概率》中，他提到了一个事实，即人们的行动很大程度上由他们对命题的相信度及其强弱来决定，并且认为相信度有可能被测度，困难在于怎样去测度，怎样得到一个测度单位。

当然，既然拉姆齐认为概率是可以通过主观信念来数值化的，那么他接着要做的必须是找到一种测定信念的方法。“因而我们必须努力去建造一种测度信念的纯粹心理学的方法。仅仅测度概率是不够的；为了使我们的信念正确地对应于概率，我们必须也要能够测度我们的信念。”[12]47-48因为“相信度刚好就像时间区间一样，它没有确切的含义，除非我们更精确地阐明应该怎么测度它。……，真正的我们所特有的困难是不知道该怎样测度，以及怎样得到一个测度单位，等等”[12]48-49。

拉姆齐认为有两种可以解决测度信念问题的方法。第一种方法是假定信念的程度可以被感觉到，即相信度就是感觉的强度。“首先，我们可以假定一个信念的程度是可以被有这个信念的人所感觉到的；例如，某种感觉会伴随着信念一起出现，这种感觉可以被称为信念感觉（belief feeling）或确信感觉，不同的信念由强烈程度不同的感觉所伴随，而相信度就是指这种感觉的强度。”[12]50但是拉姆齐发现这种办法不行，“这种观点将会是非常不方便的，因为很难把数值赋予感觉的强度；此外，这种观点在我看来也是不符合事实的，因为实际上我们最强烈的信念经常都没有伴随任何感觉；没有人对他视为理所当然的事情有强烈的感觉”[12]50。因为，我们日常在做许多习惯性行为时并没有刻意伴随着强烈的感觉，人们对那些理所当然事情的信念显得很平淡，不会总是怀有强烈的感觉。

因此，拉姆齐开始转到了第二种方法上：“因此，我们就被趋向了第二种解决办法，即假定一个信念的程度是这个信念的因果属性，含糊地讲，这也就是我们愿意根据这个信念而行动的程度。”[12]50并且他认为“只要我们定量地看待信念，我马上就感到这是我们唯一能采取的观点”[12]51。原因在于，在他看来，对于不同程度信念强度上的差别应该可以根据我们据此如何行动来进行判断。之所以如此，是因为拉姆齐认为我们不可能辨认出不同程度的相信之间有着感觉上的差别，也就是说：即使在相信和不相信之间存在内省感觉（introspectible feelings）的差别，那么在不同程度的相信之间是没有内省感觉的不同的，至少不能辨认出来。在拉姆齐看来，不同程度的相信之间的差别应该“在于我们应该在多大程度上根据这些信念而行动：……在许多情况下，我想，我们关于我们的信念强度的判断实际上是关于在假设的场合我们应该怎样行动的判断”[12]51。

现在，问题转化到是否可以找到一种测度信念的方法。拉姆齐引入了打赌的方法，并把他的主观概率理论建立在打赌的基础上。他认为这显得很合理，因为从某种意义上看，我们在现实生活中就是在始终进行着打赌。到底是不是人们在生活中的行为都是打赌，是不是都是出于某种信念而进行的打赌行为，拉姆齐认为在某种程度上确实是这样，例如“无论何时我们到车站去，我们都在打赌说火车是确实会开的；如果我们对这一点没有足够大的相信度，我们就会拒绝打这个赌而留在家里”[12]63。

在《真理与概率》这篇文章中，拉姆齐还提出了期望效用的理论，但是他这篇文章的价值在很长一段时间里都没有被学者发现，一直到1944年，由冯·诺意曼和摩根斯顿出版了《博弈理论与经济行为》，这篇文章作为附录被收录在他们的书中，期望效用理论开始在决策理论和博弈理论中流行。但是，好多年过去了，仍然没有人明白这已经在拉姆齐的1926年的论文中提到过。

2.2 拉姆齐主观主义概率观的核心概念

在牛顿经典力学统治的年代,一切都被认为是确定的,对于不确定现象的各种解释也就不可避免地带有确定性的涵义。例如,对于掷一枚硬币正面向上的概率,频率论者会认为此概率由一个序列的相对频率的极限决定;而概率的倾向性会认为此概率由所有的实验装置决定,是实验装置的一个内在的客观属性;而在概率的逻辑解释里,它的概率被认为是在给定相关证据的情况下,持有证据的人对此拥有的合理的相信度一致。总而言之,在其他条件相同的情况下,此概率被客观地决定了,与理性个体无关,对所有的理性个体都相同,并且此时的概率也就是事件或者命题的概率。

但是,到了1926年,情况发生了根本改变,首先由拉姆齐提出用可以一个部分信念的概率逻辑来对不确定现象给出解释。然后,菲尼蒂在1937年系统地建立了关于相信度的主观概率理论。在这之后,萨维奇等主观贝叶斯学者对概率理论又进行了发展,概率具有了个体的私人性质,成了个体相信度的一种测度。萨维奇认为:“私人的观点认为,概率是测度一个特殊个体对一特殊命题的真实性的信心。例如,明天将下雨。这些观点要求被涉及的个体在某些方面是‘合理的’,但是他们并不否认两个理性的个体面对相同的证据,对相同的命题的真实性,他们将可能有着不同的信心程度。”[5]3这样一来,在主观概率论者的理论里,概率被定义为一个特别的个体的相信度,概率也相应地成为某个个体的概率。

主观主义概率论者把概率看成私人的事情。概率即部分信念,而部分信念可以通过赌商来测定,概率的主观求值只受一致性条件约束,这说明概率律就是一致性律。通过荷兰赌可以论证一个赌商集合不可能导致荷兰赌,当且仅当,这个赌商集合满足概率演算公理。因为概率演算规则被看作保证个人概率求值具有一致性的必要条件,凭借荷兰赌论证主观概率理论的主观基础将科学地获得。因此,对于概率的主观主义观点而言,部分信念、一致性条件以及荷兰赌论证具有奠基性的地位,某种程度上看,它们决定了主观概率理论的合理性。

2.2.1 部分信念

我们知道，按照概率的数学方面的含义，它在数值上等于[0,1]区间的某个数字。既然主观概率解释认为概率就是个体的部分信念，并且主观主义者要么认为主观解释也是概率的一个合理解释，要么认为主观解释是概率唯一的合理解释，那么主观概率论者首先要解决的问题自然是：个体的部分信念能不能被测量，如何测量，以及部分信念和概率的对应有什么样的条件约束。

既然概率是可以通过主观信念来数值化的，那么为了信念能对应于概率，问题的关键是必须找到一种测度信念的方法。拉姆齐指出概率的数值和信念度的数值是相同的，部分信念度是可以测量的，"因而我们必须努力去建造一种测度信念的纯粹心理学的方法，……我们必须也要能够测度我们的信念"[12]17-48。"测度一个人的信念的传统方法是提议打赌，看他愿意接受的赌注与付款的最低差额是什么。我看这个方法是基本上正确的。"[12]53 在这之后，菲尼蒂也持有相同的看法，认为"人们也可以对于一个特定的人给予一个特定事件的似然性程度给出一个直接的、定量的、用数字表示的定义，使得整个概率论可以从一种具有明显意义的非常自然的条件中直接地引出。这不过是使一个微不足道的、明显的观念具有数学的精确性的问题，这个观念就是：一个人给予一个特定事件的似然性程度是由它倾向于为那个事件打赌的条件所揭示的"[12]84。

这就是说，他们都认为某个体对一个事件打赌的比率可以看作他对该事件发生的信念度的测量，即某个体对某事件的信念度（概率）为他对此事件的赌商。这可以通过一个具体事例（某人和别人打赌"明天这里将下雨"）来简单说明如何测定个体对此事件的部分信念。例如，对于"明天这里将下雨"，我们不能确定，明天这里可能下雨，也可能不会下雨。因为P（赌商）=付款/赌注，那么如何测定个体对此事件的部分信念呢？所以，这就要看当甲（或者乙）被要求与别人为此事件打赌时，他们将给出的最低付款与对手给出的付款的数量比率是什么。如果经过内心的左右权衡，虽然综合当前的资料，明天很可能下雨，但是出于对"天有不测风云"等的考虑，他还是不愿意接受65:35等超过60:40的比率与别人打赌，最终他愿意以60:

40的比率与对手打赌，那么这就显示了他对此事件或者命题的信念度为 60/(60+40)=0.6，即赌商。从这里可以看到，当各自付款比率为$a:b$时，被定义为信念度的概率(P)实际上等于最低赌商(Q)，即$P=Q=a/(a+b)$。

这样一来，按照拉姆齐的"必须努力去建造一种测度信念的心理学的方法"的思路，某人在内心给予的事件出现的概率，可以通过与别人的打赌显示出来。下面对这种利用赌商来测定信念度的方法进行一般性说明，即如何测定A对事件E的信念度。

既然测定一个人的信念度可以通过打赌的方式进行，那么首先就必须有一个针对E的赌。假设A和B对E的发生进行打赌，A首先要做的一件事情是选择适当的赌商(P)，除此之外，还有一个赌注的选择问题。假设A能接受的赌注为S，那么A对E的发生下的赌注(付款)为PS，相应地，B下的赌注为$S-PS$。对于这样一个赌，如果E发生了，则B输了，因此B要失去自己的付款，A相应地得到B的付款$S-PS$，即A的收益为"赌注－付款"；如果E没有发生，则A要失去自己的付款PS，即A的收益为"-付款"。

在利用赌商来测定信念度时有两个地方是必须考虑的[33]。

第一，赌注的大小S应该适当。用金钱来打赌，那么赌注的选择问题，拉姆齐认为有让人矛盾的地方，一方面考虑到钱有递减的边际效用，如果用钱来打赌，那么显然赌注就应该尽可能小。但是另一方面，如果赌注太小，那么又有可能使得被测试信念的人不愿受到斤斤计较这个新因素的极大影响。也正因为如此，拉姆齐发展了一个效用理论来试图摆脱这个矛盾。

既然如此，那么我们如何在打赌中选择赌注呢，最合理的考虑应该是：这个赌注的大小要适当。一方面，这个赌注应该足够小，以至打赌的人不会因为这个赌的输赢而损伤到自己的经济状况；另一方面，这个赌注又要足够大，以至打赌的人会仔细权衡这个赌，而不至于对输赢无所谓。

在上面的每一种情况下，打赌的人都会极大地受到某种情绪的影响，不能测出他的真正的信念。如果把这两方面结合起来，这样的赌注才应该是合理的，才可以准确地测出信念，这样的赌注也应该是可能选择到的。当然对这两方面如何结合应该是对具体的人而言的，要考虑到他们的经济实力，不可能有一个对所有理性人一致的数量上的标准。对这一点，我们可以用一个或许不太恰当的例子来说明。例如，对于一个有着高薪收入的人来说，如果选择100元来对某事件打赌可能是不合理的，他不会因为这100元而认真地考虑自己的赌商。同样地，对于一个没有收入的老太太而言，选择100元作为赌注也应该是不合理的，她可能会极大地顾及，如果输了这100元会使得自己的生活发生困难。

第二，在选择赌商的时候，赌注正负未定。在选择赌商之前知道了赌注的正负，会造成不能真实地选择自己能够接受的赌商的情形。因为对应于这个赌，A得到的收益为$S-PS$（E发生）和$-PS$（E不发生），所以，如果打赌前知道赌注为正，那么A为了得到更多，失去更少，他会选择尽可能低的P；如果打赌前知道赌注为负，那么A同样地为了得到更多，失去更少，他自然会选择尽可能高的P。例如，对于P为0.2和0.3这两个可能被选择的数值，如果知道赌注为100，那么A会选择P=0.2。因为，如果E发生了，他得到100−100×0.2=80（大于100−100×0.3=70），如果E没有发生，他失去100×0.2=20（小于100×0.3=30）。相反，如果A知道赌注为−100，那么A会选择P=0.3。因为，如果E发生了，他得到−100+100×0.3=−70（大于−100+100×0.2=−80），如果E没有发生，他失去−100×0.3=−30（小于−100×0.2=−20）。从这里，我们能够直观地看到，在事先知道赌注正负的情形下，不能真实地测量A的信念。因此，为了准确地测定一个人的信念，这一点就是必须的。当然，对负赌注可以理解为对手地位的互换。关于这第二点的必要性，从后面关于公平赌商的论述中能进一步看到。

从上面这两点，我们确实能够看到用打赌的方法来测定信念可能得到的数字不太准确，也正因为这些原因，这种打赌的方法也遭到一些人反对。不过，菲尼蒂指出："我们所给出的概率定义从操作的观点看来是完全无可指责的，假如人们承认操作观点同样适用于心理学领域的话。打赌的模式原则上给出了一种用直接实验测量相对于一个给定事件的怀疑程度的方法。如果这种方法的实际运用有时候与要被测量的这种主观怀疑程度的不确定性相冲突，那只是这样一种有限的理想化程度的结果，没有这种理想化，就不可能得到精确性，也不可能发展任何理论。"[12]140-141 从中可以得出，至少从下面两点来看，菲尼蒂认为用打赌来获得概率数值的方法是有价值的。

第一，菲尼蒂认为这个定义的基础在于操作主义的哲学。从操作主义的角度看,这种打赌的方法是没有问题的,确实给出了一个测量信念的合理的方法。关于这一点,利安达在1996年《操作的主观统计方法》一书中特别指出,这种操作主义的定义方法是测量主观信念的一个特别的步骤,主观主义的概率解释正是建立在这个操作主义的基础之上的,因此只有遵从操作主义的方法,统计学才能得到更好的发展。这和菲尼蒂的思想有共同之处。

第二,菲尼蒂认为这是一种理想主义的构想,这种理想化是发展主观概率理论必须的。菲尼蒂说:“如果你想运用数学,只要被测量的数量有精确的值你就可以运用。这个虚构是非常有成果的,正如每个人知道的:事实是仅仅一个虚构不能减小它的值。……在数学的有效的帮助下,从近似的前提到近似的结论,我必须按照一个恰当的运算法则进行,虽然我把它看作人为的。”[2]57这就是说,虽然将信念用精确的数值来表示是一种理想主义的虚构,但是既然这种虚构对于理论的建立是没有害处的,相反,这种理想化的方法可以帮助我们能够有效地利用数学来建构和发展我们的主观主义的概率理论。不过,关于这一点,后来,菲尼蒂的观点有所改变,他也认为:如果严格地说,打赌是不适合概率的。不过,很显然,赌商Q将在0到1之间发生变化,从形式上看,这和概率数值的变化范围相一致。通过赌商的中介,部分信念最终和概率确实能够对应起来,部分信念作为概率的一种解释具有合理性。

2.2.2 一致性条件

通过假定的赌博情形可知,既然部分信念可以通过赌商来测定,那么个体对某一命题的信念度或者说赌商有什么约束条件呢?这个条件在拉姆齐和菲尼蒂那里实质上都是相同的,只不过表述有区别[一致性(Consistency)为拉姆齐用语,一贯性(Coherency)为菲尼蒂用语],他认为:“我们的每一个定义都伴随着一个一致性的公理(axiom of consistency);只要这是错的,其相应的相信度这个概念也就成为无效的了。”[12]61菲尼蒂说:“正是这个一贯性条件构成了人们由以引出整个概率演算的唯一原则:因而这个演算看起来像一组规则,同一个人对于各种事件的概率的主观求值应该与这组规则相符合,如果其中没有根本的矛盾的话。”[12]86因为在演绎逻辑中也有一个“一致性”的明确定义，而拉姆齐所指的一致性涉及归纳逻辑，显然它和演绎逻辑中的“一致性”的含义有所不同。

从形式上看，赌商的变化范围和数学上的概率数值的变化范围重合，但是如果主观概率理论真的能和数学上的概率理论做到实质性的对应，我们自然要考虑到定义部分信念的赌商能不能满足概率公理，这就需要对赌商有一个约束性的一致条件。这一点也可以称得上是主观主义者最成功的地方，即他们通过主观的方法得到了概率的数学基础。因为在给事件进行概率分配的时候，每一个人都可以自由地采纳他更喜欢的那一个。按照菲尼蒂所言，观众在锦标赛中可以根据自己的主观态度来自由地选择每一队获胜的概率，理论不能先验地拒斥任何这种判断。但是对于这个概率或者说赌商的选择还是有要求的，如果一个人概率的选择使得别人可以以保证取胜的方式与他打赌，那么“人们显然会说，这个人在概率求值中包含了一种不一贯性，一个内在矛盾”[12]86，相反，如果一个人的概率的选择使得别人在和他打赌的时候没有办法通过选择赌商来保证必然取胜，那么“我们将说，这个人是首尾一贯的”[12]86。这就是说，每个个体为了做到首尾是一贯的或者一致的，他的赌商要符合某一法则。

对于这个一致性或者一贯性条件，拉姆齐和菲尼蒂都独立地通过对打赌的分析得出并且给予了各自的证明。拉姆齐写到：“这些就是概率律(laws of probability)，我们已经证明了对于任何一致的相信度集合，它们都必然成立。……如果任何人的思维活动违背了这些定律，……这可能会使得一个狡猾的打赌者专门找他打赌，并且在任何情况下他都只是会输。因而，我们发现对部分信念的精确说明揭示了概率律就是一致性律，是扩展到部分信念的形式逻辑，即一致性逻辑。”[12]62如果测定部分信念的赌商不满足概率律，那么打赌时肯定会使得自己处于必输的境地，而对于一个确定的，总是要遭受到损失的事实，对于打赌的个体而言肯定是不合理的，这暗示了该个体的部分信念肯定是不一致的。所以，对于任何一个理性的个体而言，这些概率公理对于一致的相信度集合都必然成立。

实际上，菲尼蒂也持有相同的观点，他在《预见：其逻辑规律与主观根源》中说：“采用了主观定义，就容易从一个非常自然的条件中严密地引出这些逻辑规则，这就是一贯性条件，它使得我们不得不小心谨慎地计算概率，不管发生什么情况，决不让一个与我们打赌的对手通过对各种事件的赌注的审慎组合而具有取胜的把握。基本定理（全概率、复合概率）仅仅是这些基本条件的直接推论。”[12]141 在文章中，他进行了严密的论证。以全概率定理为例，他指出：“让我们看看如何根据这个观点证明全概率定理。这个定理本身是一个重要的结果，……，设 E_1，E_2，…，E_n 为不相容事件，……，设 P_1，P_2，…，P_n 为一个特定的人所求出的它们的概率；如果确定了赌注（正的或负的）S_1，S_2，…S_n，那么，在 n 个可能的场合的所得将是所赢的赌金与 n 次支付的赌金的总数之差。……，在特殊情况下，所有值都为正，因而违反了一贯性条件；结果是，一贯性迫使我们加上这样一个条件：$P_1+P_2+\cdots+P_n=1$。”[12]86-87 并且他指出一贯性条件和满足概率公理是充分必要条件的关系，一贯性的这个必要条件也是充分的，因为，如果它被满足，G_h（所得的收益）永远不可能都为正（不管赌注是什么）。这样，就有了下面这种形式的全概率定理：在不相容事件的一个完全类中，概率的总和必然等于 1[12]87。这一点也正如豪森所言：“因此，我们得到基本的定理：P_1，P_2，…，P_n 是一致的，当且仅当它们是概率函数。”

菲尼蒂除了证明了上面提到的一贯性和全概率公理外，他还证明了条件概率的定义和关于概率的乘法定理，这让我们清晰地看到，赌商的一贯性条件和赌商满足概率演算公理确实是互为充要条件，正是这个一贯性条件构成了人们由此引出整个概率演算的唯一原则。

在这里，作为中间过度环节的“在任何情况下他只会是输”的赌博就是我们经常说的“荷兰赌（Dutch Book）”或者称之为“大弃赌”，这是一种特殊的赌，因为不论所打赌的事件发生与否，都可以使得参与打赌的一方处于必输的境地。一致性条件是指：某人的赌商是一致的当且仅当他的对手不可能通过选择打赌的方式（如改变赌注的大小）使得他总是输。如果一个狡诈的对手和他进行打赌，使得他总是输，那么对他而言就发生了一个荷兰赌。因此，为了在打赌中不遭受损失，他势必要保持自己赌商的一致性。

主观概率理论之所以可以使得概率论的逻辑规律能在主观主义观点中被严格地确立，就是因为这个一致条件对于赌商满足概率公理既是充分条件又是必要条件，这也就是所谓的荷兰赌定理，即：赌商是一致的，当且仅当，赌商满足概率演算公理（即拉姆齐所说的概率律就是一致性律）。

按照主观主义者的思路,我们可以归纳出以下几点:

①主观概率被解释为部分信念,可以通过赌商来进行数值的测量;

②一个个体的信念集合是合理的,当且仅当,他的赌商集合是合理的;

③一个赌商集合是合理的,当且仅当,这个赌商集合是一致的;

④一个赌商集合是一致的,当且仅当,这个赌商集合不可能导致荷兰赌(拉姆齐和菲尼蒂的一致性与一贯性定义);

⑤一个赌商集合不可能导致荷兰赌,当且仅当,这个赌商集合满足概率演算公理。

因此,如果荷兰赌定理被严格地证明,那么概率理论能以主观主义的基础而合理地建立(即被解释为部分信念的逻辑),即:一个个体的信念集合是合理的,当且仅当,他的信念集合满足概率演算律。

2.2.3 荷兰赌论证

[拉姆齐和菲尼蒂用荷兰赌论证了"一个赌商集合不可能导致荷兰赌,当且仅当,这个赌商集合满足概率演算公理"。学者称之为"Dutch Book Argument"(国内大多翻译为"荷兰赌定理"或者"大弃赌定理")。国外有的文献也称之为"The Ramsey-De Finetti Theorem",即一个赌商集合是一致的,当且仅当,该赌商集合满足概率公理。]

拉姆齐和菲尼蒂建立主观概率的思路都是通过荷兰赌论证,我们已经看到,如果他们提出的荷兰赌论证得到证明而成为一个严格的荷兰赌定理,那么就表明概率理论的逻辑规律在主观主义的观点中被严格确立,主观概率理论具有了科学的主观基础。在证明荷兰赌定理之前,需要事先说明以下两个问题:一个是主观主义的概率演算系统,另一个是用来进行赌博的模型。

2.2.3.1 主观概率演算律

因为满足柯尔莫哥洛夫建立的公理系统的概率函数是数理概率,而不是主观概率,这意味着主观主义者的概率公理和柯尔莫哥洛夫公理系统会有一点区别。菲尼蒂已经提到了这个不同点,他说:"全概率定理不能运用于无穷多或甚至可数量的事件的场合。"[12]92这就是说,对于柯尔莫哥洛夫公理系统中的对无限集合而言的公理3(可列可加性公理),应该改进为仅包括有限事件集合的性质(有限可加性公理)。因为在可列可加性的系统中,一些事件是不能依概率测定的不可测事件，而主观概率要求的是每一个事件都可以预测。拉姆齐也持有这一观点，他认为"我们还没有谈到当可选择对象数量无限的时候相信度的情况。关于这一点我没有什么可说的，我只是怀疑大脑能否考虑多于有限数量的可选择对象。它能够考虑有无限多的可能答案问题，但是为了要考虑这些答案，就必须要把它们归并在有限数量的类别之中"[12]63。其他的主观主义者，比如萨维奇也赞同并且扩展了主观概率的有限可加性系统，发展了一个更具有广泛基础的公理系统。

这样，对主观主义的概率理论而言，一般的概率演算律为：设事件的样本空间为Ω(随机事件E或者F是Ω的子集)，$P(E)$是E的一个实值函数，且满足下列三条公理，则称函数$P(E)$为事件E的概率。

公理1(非负性)：对于任一事件E，有$0\leqslant P(E)\leqslant 1$；

公理2(规范性)：Ω是一确定的事件，$P(\Omega)=1$；

公理3(有限可加性)：若$E_1, E_2, \cdots, E_i, \cdots, E_n$为不相容事件的一个完全类(其中有一个且只有一个必然发生)，则$P(E_1+E_2+\cdots+E_n)=P(E_1)+P(E_2)+\cdots+P(E_n)$。或者像菲尼蒂那样表示为：$P(E_1)+P(E_2)+\cdots+P(E_n)=1$。

对于不相容事件完全类，我们可直观地理解为：对于掷骰子的事例，可能出现的全部事件为$E_1 \vee E_2 \vee E_3 \vee E_4 \vee E_5 \vee E_6$(其中的$E_i$分别代表出现的点数为$i$)，很明显，上式成立。

为了证明荷兰赌定理对任意两个互斥事件(即两事件互不相容，但是，可能不是样本空间里的一个完全类)均成立，公理3可以变形为对两个互斥事件的情形。如果两个事件分别用E和F表示，并且$E \vee F$，则公理3可以变形为$P(E \vee F)=P(E)+P(F)$。同样对于任意两个不一定构成一个完全类的互斥事件，我们也可以直观地理解为：在掷骰子的事例中，如果这两个事件分别理解为出现"1点"和出现"2点"的事件，那么，这并没有构成掷骰子可能出现的全部结果，因为可能出现"1点"和"2点"都没有出现的结果。

对于公理3和它的变形公式，我们在荷兰赌定理的证明中，只需要证明其中的任意一个，因为可以证明两种形式在逻辑上的等值(此处已经证明公理3和它的变形公式的等值，所以在后面的证明中主要涉及公理3)，即：

$$P(E_1+E_2+\cdots+E_n)=P(E_1)+P(E_2)+\cdots+P(E_n) \Leftrightarrow P(E \vee F)=P(E)+P(F)$$

证明如下：

条件1：Ω为样本空间，$P(\Omega)=1$；

条件2：E和F是Ω里的互斥事件，X为Ω里除E或者F之外的事件，E，F和X(或者$E\vee F$和X)构成Ω里的不相容事件的一个完全类，则$P(E+F+X)=P(\Omega)$，$P((E\vee F)+X)=P(\Omega)$，即$P(E+F+X)=P((E\vee F)+X)$。

条件3：$E_1,E_2,\cdots,E_n$，为一个互斥事件的完全类，$P(E_1+E_2+\cdots+E_n)=P(\Omega)$，$P((E_1\vee E_2\vee\cdots\vee E_{n-1})\vee E_n)=P(\Omega)$。

第一步证明公理3的充分性：

由公理3可得：

$P(E+F+X)=P(E)+P(F)+P(X)$，$P((E\vee F)+X)=P(E\vee F)+P(X)$；

由条件2可得：

$P(E)+P(F)+P(X)=P(E\vee F)+P(X)$，

即$P(E)+P(F)=P(E\vee F)$。

所以，由$P(E_1+E_2+\cdots+E_n)=P(E_1)+P(E_2)+\cdots+P(E_n)$可得$P(E\vee F)=P(E)+P(F)$。

第二步证明公理3的必要性：

当互斥事件为两个时，令$E_1=E$，$E_2=F$。

由$P(E)+P(F)=P(E\vee F)$，可得：$P(E_1)+P(E_2)=P(E_1\vee E_2)$；

由条件2，可得：$P(E_1\vee E_2)=P(E_1+E_2)$。

因此，$P(E_1+E_2)=P(E_1)+P(E_2)$，即公理3成立。

运用数学归纳法，假设当事件为$n-1$时，

$P(E_1)+P(E_2)+\cdots+P(E_{n-1})=P(E_1\vee E_2\vee\cdots\vee E_{n-1})$成立。

则当事件为n时，由$P(E)+P(F)=P(E\vee F)$，可得：

$P(E_1\vee E_2\vee\cdots\vee E_{n-1})+P(E_n)=P((E_1\vee E_2\vee\cdots\vee E_{n-1})\vee E_n)$，

即$P(E_1)+P(E_2)+\cdots+P(E_{n-1})+P(E_n)=P((E_1\vee E_2\vee\cdots\vee E_{n-1})\vee E_n)$。

由条件3，可得：

$P(E_1)+P(E_2)+\cdots+P(E_{n-1})+P(E_n)=P((E_1\vee E_2\vee\cdots\vee E_{n-1})\vee E_n)=P(E_1+E_2+\cdots+E_n)=P(\Omega)$。

即$P(E_1+E_2+\cdots+E_n)=P(E_1)+P(E_2)+\cdots+P(E_{n-1})+P(E_n)$。

所以，由$P(E\vee F)=P(E)+P(F)$可得$P(E_1+E_2+\cdots+E_n)=P(E_1)+P(E_2)+\cdots+P(E_n)$。

因此,两种形式在逻辑上是等价的。

除了上面的三个公理,对于主观主义者来说,相信度通过赌商测定对于条件概率的定义也是适合的。拉姆齐认为,"我们也能够定义一个非常有用的新概念——'给定q时对P的相信度'。……这种有条件的打赌在十八世纪是比较普遍的"[12]60。而菲尼蒂在证明了上面的三个公理和一贯性之间的充分必要后,进一步提出"我们还必须考虑条件概率的定义和关于概率乘法定理的证明"[12]92。因此,概率演算律要另外加上条件概率的定义:如果$P(F)>0$,则$P(E|F)=P(E \wedge F)/P(F)$。

2.2.3.2　赌博模型

结合国内外相关研究资料,对荷兰赌的赌博体系[34]或者基本模型可以从赌注与赌商规则、胜负规则、金钱规则以及赌局构成规则这几个方面进行概括。

2.2.3.2.1　赌注与赌商规则

按照前面所说的理由,赌注应该适当或者说双方能真正愿意接受,并且正负未定。赌商取决于他愿意接受的赌注与付款的差额的最低差额是什么,在赌注适当的情形下,一个人的赌商等于他愿意出的付款与赌注的比值,即赌商(Q)=付款/赌注。

赌商既然要能真正测度出某人的相信度,那么进行打赌应该是在双方打赌的意愿是真诚的,在打赌之前他们并不预先知道赌博的输赢,双方在打赌中所处地位是真正公平的情形下进行,也就是说它应该为公平赌商。这体现在,如果双方在接受了一定的赌商后,那么他们既愿意为打赌事件的真实性以Q进行打赌,又愿意以打赌事件的虚假性,即以$\neg Q$进行打赌。这也可以通过对手位置的互换来理解,由赌商定义知,如果一方的赌商为Q,则对手的赌商为$1-Q$。

2.2.3.2.2　胜负规则

如果赌者打赌的事件为真,则获胜,对手输。如,A和B对事件E的发生与否进行打赌,A打赌事件E发生,B打赌事件E不发生;如果结果是E发生了,则A胜,B输;如果结果是E没有发生,则B胜,A输。

2.2.3.2.3　金钱规则

付款=赌注×赌商,赌注=参与打赌的双方的付款之和。胜者的收益等于赌注减去自己的付款，或者说胜者的收益为得到对手的付款，而负者的收益为失去自己的付款，即胜者的收益=-负者的收益。

例如，在一个赌注中，赌注为S，A的付款为$S\cdot q(A)$，B的付款为$S\cdot q(B)$。如果A胜，B负，则A的收益$G(A)=S-S\cdot q(A)=S\cdot q(B)$，$B$的收益$G(B)=-S\cdot q(B)$；如果$A$负，$B$胜，则$G(A)=-S\cdot q(A)$，$G(B)=S-S\cdot q(B)=S\cdot q(A)$。

2.2.3.2.4 赌局构成规则

第一，打赌是针对一个事件所有可能出现的结果进行考虑的。如果是对一个不相容事件的完全类进行打赌，要对其中的所有不相容的基本事件同时进行打赌。例如，E_1，E_2，…，E_n为不相容事件，E是它们的一个完全类，此时，对E进行的赌局的构成是：打赌的双方同时对其中的E_i（$i=1, 2, \cdots, n$）进行打赌，分别给出赌注S_i和公平赌商Q_i。如前所述，对于任意两个互斥事件E和F进行打赌，也要考虑到所有可能出现的结果，既要考虑到E出现或者F出现的结果，也要考虑到E与F都没有出现的结果。

第二，当一方对E_i的真（发生）进行打赌，是另一方同时对E_i的假（不发生）或者说对$\neg E_i$的真进行打赌。如对事件"明天此地是否下雨"进行打赌，此事件E可以作为下面两个不相容的基本事件的完全类：E_1"明天此地下雨"和E_2"明天此地不下雨"。

此时的赌局构成为：A同时对"E_1的真"和"E_2的假"进行打赌，相应地，B同时对"E_1的假"和"E_2的真"进行打赌。或者，A同时对"E_1的假"和"E_2的真"进行打赌，相应地，B同时对"E_1的真"和"E_2的假"进行打赌。

第三，对于条件赌的有效性是建立在条件为真的情形下，如果条件为假，则赌博终止。

对于这一规则，拉姆齐早就提到过，他说："它不是指对'如果P那么q'或者'P蕴涵q'的相信度，也不是指如果这个人知道q的话，他会对P具有的或者应该具有的相信度。它粗略地表示了他就P打赌时他会接受的赌注与付款的差额，只当q真，这个打赌才是有效的。"[12]60这就是说，如果进行一个E相对于F的赌博，公平赌商并不是指仅仅对E的真应该具有的相信度，而是对$E|F$所具有的相信度，或者说，在F这个条件下，对E的真所具有的相信度，并且只有在F为真的情形下，这个打赌才是有效的。如果F实际不发生，则对$E|F$的打赌因为无效而终止。

2.2.3.3　荷兰赌论证[12]86–94

关于荷兰赌证明的参考文献比较多，在这里主要依据菲尼蒂在1937年的经典著作中提出的打赌者获得收益的方法来证明，在需要的地方运用数学期望的概念。对于荷兰赌定理，我们需要依次证明对于一个任意事件、确定事件、不相容事件的完全类以及条件事件的赌商集合不可能导致荷兰赌的充分性：如果一个赌商集合不可能导致荷兰赌，那么这个赌商集合满足概率演算律（即分别满足公理1，公理2，公理3和条件概率定义）。

除此之外，我们还必须同时证明对于一个任意事件、确定事件、不相容事件的完全类以及条件事件的赌商集合不可能导致荷兰赌的必要性：如果一个赌商集合满足概率演算律，那么一个赌商集合不可能导致荷兰赌。

证明1：对于一个任意事件的赌商集合不可能导致荷兰赌，当且仅当，这个赌商集合满足概率演算公理。

第一步，证明充分性。如果对于一个任意事件E的赌商集合不可能导致荷兰赌，那么这个赌商集合要满足概率公理1，即$0 \leqslant P(E) \leqslant 1$。

对于一个任意事件E，如果打赌的一方选择$Q(E)<0$，则E出现时他的收益为$S[1-Q(E)]$，E不出现时他的收益为$-SQ(E)$，那么当对手选择$S<0$的时候，可以使得他的收益总是为负，对他而言出现了荷兰赌。如果打赌的一方选择$Q(E)>1$，那么当对手选择$S>0$的时候，可以使得他的收益总是为负，对他而言依然是发生了荷兰赌。因此，为了避免荷兰赌，他必须选择$0 \leqslant Q(E) \leqslant 1$，即必须满足公理1。

第二步，证明必要性。如果对于一个任意事件E的赌商集合满足概率演算公理，那么这个赌商集合不可能导致荷兰赌。

对于任意事件E进行打赌，由赌局构成规则，这是打赌的双方同时对其中的E的真实性和虚假性进行打赌。假设打赌一方对E的赌商为$Q(E)$，对$\neg E$的赌商为$Q(\neg E)$，可能的结果是"E出现与$\neg E$不出现"或者"E不出现与$\neg E$出现"，那么打赌者的收益均为：$S[1-(Q(E)+Q(\neg E)]$，因为赌商满足概率演算律，所以$Q(E)+Q(\neg E)=1$（公理3）。因此，不管出现什么结果，打赌者的收益为0。

证明2：对于一个确定事件的赌商集合不可能导致荷兰赌，当且仅当，这个赌商集合满足概率演算公理。

第一步，证明充分性。如果对于一个确定的事件Ω的赌商不可能导致荷兰赌，那么赌商要满足公理2，即$P(\Omega)=1$。

对于确定事件Ω，如果打赌的一方选择$Q(\Omega)>1$，则Ω出现时他的收益为$S[1-Q(\Omega)]$，那么当对手选择$S>0$的时候，可以使得他的收益总是为负，对他而言出现了荷兰赌。如果打赌的一方选择$Q(\Omega)<1$，那么当对手选择$S<0$的时候，他的收益还是为负，对他而言依然是发生了荷兰赌。因此，为了避免荷兰赌，他必须选择赌商$Q(\Omega)=1$，即必须满足公理2。

第二步，证明必要性。如果对一个确定事件Ω的赌商满足概率公理，那么这个赌商不可能导致荷兰赌。

对确定事件Ω，如果打赌的一方选择的赌商满足概率公理2，即$Q(\Omega)=1$，那么他胜时的收益为$S[1-Q(\Omega)]=0$，此时负者的收益为$-S[1-Q(\Omega)]=0$，因为是公平赌商，可以对手之间互换，所以即使他输了，收益也为0，即不论对手选择怎样的S，他的收益均为0，也就是说没有荷兰赌出现。

证明3：对于一个不相容事件的一个完全类的赌商集合不可能导致荷兰赌，当且仅当，这个赌商集合满足概率演算公理。

第一步，证明充分性。如果对于一个不相容事件的一个完全类的赌商集合不可能导致荷兰赌，那么这个赌商集合满足概率演算公理3。

由赌博构成规则，对不相容事件的完全类进行打赌，双方应该同时对其中的E_i $(i=1,2,\cdots,n)$进行打赌，分别给出赌注S_i和公平赌商Q_i，并且要考虑到所有可能出现的结果。

这样，当E_i这种结果出现时，因为事件之间互斥，其他的事件E_j $(j=1,2,\cdots,n$并且$j\neq i)$不能同时出现，所以只有对E_i的收益为$S_i-S_iQ_i$，对其余的事件均为$-S_jQ_j$。如果假设赌注相同，均为S[菲尼蒂在《预见：其逻辑规律与主观根源》中提到："当然，可以仅仅考虑$S_1=S_2=\cdots=S_n=S$的情形(像我早期文章中那样，从而以一种较为简单的形式提出这种证明。在这里，我更喜欢一种不同的、也许能够给人以更深刻的洞见的证明。"因为对赌注的不同的情形，要涉及到行列式，而为此处，选择赌注相同的方法比较容易发现，并且通过找特例的方法进行分析不会影响证明结果的正确性，所以从数学形式尽量简单的角度考虑，选择赌注相同的情形。在后面的证明4中，在证明结果出现前，对于特殊赌注的选择不容易发现，而用行列式的方

法则更便于分析的简捷],那么当 E_i 出现时,打赌一方的收益为:

$(-SQ_1)+(-SQ_2)+\cdots+(S-SQ_i)+\cdots+(-SQ_n)$

$=S[1-(Q_1+Q_2+\cdots+Q_i+\cdots+Q_n)]$。

对上式进行分析,如果 $Q_1+Q_2+\cdots+Q_i+\cdots+Q_n\neq1$,那么他的对手总可以通过改变赌注正负的形式,使得他的收益总是为负,这意味着他总是要遭受到一个荷兰赌。因此为了避免荷兰赌的出现,他必须加上 $Q_1+Q_2+\cdots+Q_i+\cdots+Q_n=1$ 这个条件,即这个赌商集合必须满足概率演算公理3。

第二步,证明必要性。如果对于一个不相容事件的一个完全类的赌商集合满足概率演算公理,那么这个赌商集合不可能导致荷兰赌。

在这里,我们需要运用数学期望[用数学语言表达,数学期望又称均值,是随机变量x的平均取值,记为 $E(X)$,如 X 为离散型,它的概率分布为 $P\{X=x_k\}=p_k$,那么当级数 $\sum_{k=1}^{\infty}x_k p_k$ 绝对收敛,即 $\sum_{k=1}^{\infty}|x_k|p_k<\infty$ 时,$E(X)=\sum_{k=1}^{\infty}x_k p_k$;如果 X 为连续型,它的概率密度为 $f(x)$,那么,当积分 $\int_{-\infty}^{+\infty}x f(x)\mathrm{d}x$ 绝对收敛时,即 $\int_{-\infty}^{+\infty}|x| f(x)\mathrm{d}x<\infty$ 时,$E(X)=\int_{-\infty}^{+\infty}x f(x)\mathrm{d}x$ 。离散型随机变量的均值是一种加权平均,之所以称为期望,就是由于对概率问题最初的研究起源于考虑赌金的分配,这一思想最初出现在帕斯卡那里,之后,在1657年,惠更斯在《论赌博中的计算》一文中正式引入了"数学期望"这一概念。这相当于,如果对于打赌者而言,p_1 是获得赌金(打赌双方的赌金之和为此次打赌的赌注)a 的概率,p_2 是获得赌金 b 的概率,那么他期望获得的收益为 p_1a+p_2b 。这也就是说,对事件的期望值,这不仅要考虑到获得胜利(失败)的概率大小,而且要考虑到该事件发生时将得到的收益(损失)大小]的定义。如果 P_i 是某事件 E_i 发生的概率,如果该事件发生就获得收益为 G_i ,则他对此事件的数学期望为 P_iG_i 。在赌博中(Q 为赌商),打赌的一方要对预期的利益大小进行估计,不仅要考虑到所赌事件发生的概率,而且要考虑到在该事件发生或者不发生的所有可能情况下的总的收益情况,因此在对一个不相容事件的完全类进行打赌时要考虑到的期望收益为 $Q_1G_1+Q_2G_2+\cdots+Q_iG_i+\cdots+Q_nG_n$ 。

在赌注分别为 S_i 的时候,打赌一方对 E_i 的期望收益为:

$Q_i G_i = (S_i - Q_1S_1 - Q_2S_2 - \cdots - Q_iS_i - \cdots - Q_nS_n)Q_i$

同样地，对于赌注不同的情形，可以通过行列式的分析得到相同的结果，在这里仅仅考虑赌注均为S的情形，即

$Q_i G_i = Q_i S[1-(Q_1+Q_2+\cdots+Q_i+\cdots+Q_n)]$。

因此打赌一方对整个赌局的期望收益为：

$Q_1G_1 + Q_2G_2 + \cdots + Q_iG_i + \cdots + Q_nG_n$

$=SQ_1[1-(Q_1+Q_2+\cdots+Q_n)]+\cdots+SQ_i[1-(Q_1+Q_2+\cdots+Q_n)]$

$+SQ_n[1-(Q_1+Q_2+\cdots+Q_n)]$

$=S[1-(Q_1+Q_2+\cdots+Q_n)](Q_1+Q_2+\cdots+Q_n)$

如果他的赌商集合满足概率演算公理，即$Q_1+Q_2+\cdots+Q_i+\cdots+Q_n=1$，那么他的期望收益为0，这样他的对手不能通过改变概率选择的方法使得他接受一个荷兰赌。

证明4[12]93-94：对于一个条件事件的赌商集合不可能导致荷兰赌，当且仅当，这个赌商集合满足概率演算公理。

第一步，证明充分性。如果对于一个条件事件的赌商集合不可能导致荷兰赌，那么这个赌商集合满足概率演算律（条件概率的定义或者说乘法定理）。

从条件赌的规则知道，条件赌的有效性是建立在条件为真的情形下，如果事件F没有发生，那么对于条件事件$E|F$的打赌终止。

这样，打赌一方同时打三个赌：

第一个是对$E\wedge F$的赌，赌注为S'，赌商$Q(E\wedge F)$为Q'；第二个是对F的赌，赌注为S''，赌商$Q(F)$为Q''；第三个是对$(E|F)$的赌，赌注为S，赌商$Q(E|F)$为Q。

现在计算在各种可能结果下的收益：

①如果E和F都出现，因为在三个赌中都获胜，所以

$G_1 = S'(1-Q') + S''(1-Q'') + S(1-Q)$；

②如果F出现，而E没有出现，因为只在第二个赌中获胜，所以

$G_2 = -S'Q' + S''(1-Q'') - SQ$；

③如果F没有出现，因为此时对$(E|F)$的赌终止，并且在第一和第二个赌中均负，所以

$G_3 = -S'Q' - S''Q''$。

此时收益G的大小取决于赌注S，S' 和 S''，如果下面的行列式值不等于0，那么就可以通过改变赌注的方式，使得G有任意的值。

$$\begin{vmatrix} 1-Q' & 1-Q'' & 1-Q \\ -Q' & 1-Q'' & -Q \\ -Q' & -Q'' & 0 \end{vmatrix} = Q' - QQ''$$

如果说$G>0$，那么这就意味着在条件事件的打赌中出现了荷兰赌（此时是对手遭受到了荷兰赌）。如果要避免荷兰赌的出现，必须此行列式值为0，即 $Q' - QQ'' = 0$，此时，双方无论如何，都不会出现荷兰赌。

若 $Q' - QQ'' = 0$，即 $Q' = QQ''$，分别代入$Q(E \wedge F)$，$Q(E|F)$和$Q(F)$，则有乘法定理$Q(E \wedge F)=Q(E|F)Q(F)$或者条件概率的定义$Q(E|F)=Q(E \wedge F)/Q(F)$。

所以，如果一个条件事件的赌商集合不可能导致荷兰赌，那么这个赌商集合要满足概率演算律（当然，对于这个证明也可以通过选择特殊的赌注来进行分析）。

第二步，证明必要性。如果对于一个条件事件的赌商集合满足概率演算律，那么这个赌商集合不可能导致荷兰赌。

打赌一方对整个赌局的期望收益为：$G_1 Q_1 + G_2 Q_2 + G_3 Q_3$。

因为在 G_1 中，E和F都发生，所以 $Q_1 = QQ''$；在 G_2 中，E没有发生，而F发生，则 $Q_2 = (1-Q)Q''$；在 G_3 中，F没有发生，对条件赌终止，则 $Q_3 = 1 - Q''$。用它们分别置换 Q_1、Q_2 和 Q_3，得到打赌一方对整个赌局的期望收益为：

$$\begin{aligned} & G_1 QQ'' + G_2(1-Q)Q'' + G_3(1-Q'') \\ & = (S'(1-Q') + S''(1-Q'') + S(1-Q))QQ'' \\ & + [-S'Q' + S''(1-Q'') - SQ](1-Q)Q'' + (-S'Q' - S''Q'')(1-Q'') = S'(QQ'' - Q') \end{aligned}$$

如果他的赌商集合满足概率演算公理$Q(E \wedge F)=Q(E|F)Q(F)$，即$Q' = QQ''$，那么他的期望收益为0，这样他的对手就没有办法使得他接受一个荷兰赌。

故荷兰赌定理成立，即一个赌商集合不可能导致荷兰赌，当且仅当，这个赌商集合满足概率演算律。

总之，主观主义概率论者建构主观概率理论的进路可以归纳为：主观概率被解释为部分信念，可以通过赌商来进行数值的测量；一个个体的信念集合是合理的，当且仅当，他的赌商集合是合理的；一个赌商集合是合理的，当且仅当，这个赌商集合是一致的；一个赌商集合是一致的，当且仅当，这个赌商集合不可能导致荷兰赌；一个赌商集合不可能导致荷兰赌，当且仅当，这个赌商集合满足概率演算公理。因此，如果荷兰赌定理被严格地证明，那么概率理论的主观基础得以合理建立（即被解释为部分信念的逻辑）：一个个体的信念集合是合理的，当且仅当，他的信念集合满足概率演算律。由此，依据一致性条件和荷兰赌论证，阐释概率即部分信念的主观概率理论的主观基础得以奠定。

2.3 拉姆齐主观主义概率观的合理性

拉姆齐、菲尼蒂通过荷兰赌论证的中介，使主观概率理论具有了合理性。因为关于相信度的主观概率理论满足概率公理，所以主观概率理论是合理的，概率论的逻辑规律在主观主义的观点中被严格确立了。

这样一来，如果部分信念满足一致性，它们就将遵从这些公理。既然主观概率理论能为演算的公理提供明确的辩护，那么自然使得概率的主观解释成为概率的一种有效解释，它的合理性也因此具有了科学的基础。拉姆齐清楚地看到了这一点，他说："我想，我们将发现关于概率演算的这种观点克服了到目前为止始终使人困恼的各种困难。首先，它为这种演算的公理提供了明确的辩护，而这种辩护在Keynes先生的这类体系里面是根本找不到的。因为现在很容易看出，如果部分信念是一致的，它们就将遵从这些公理；但是为什么Keynes先生的神秘的逻辑关系居然也会遵从它们却是十分费解的。我们居然会如此奇怪地不知道这些关系的例子，而又如此奇怪地知道它们的普遍法则。"[12]68

因为凯恩斯的概率理论的成立是求助于我们的所谓的逻辑上能够知觉到，所以遭受到人们的质疑，而主观概率理论可以通过一致性的条件而得到有力的辩护，拉姆齐认为他的每一个定义都伴随着一个一致性的公理。要想否定主观概率理论，则首先必须否定荷兰赌定理，而这个定理是被严格证明了的，得到了数学上的强有力的支持，因此要否定这个主观的基础的合理性是很困难的。

之后，人们又对荷兰赌定理作了静态和动态的区分和讨论，尤其是拉姆齐主张的静态的合理性原则已被大家公认。对于为什么凯恩斯的理论也遵从这些概率公理，拉姆齐认为："在Keynes先生的体系中，这些基本公理——加法律和乘法律——好像只不过是定义似的。这仅仅是一个逻辑错误；他的定义不是形式上有效的，除非预设了相应的公理。"[12]68因此，拉姆齐可以乐观地认为自己的主观主义概率解释理论已经克服了各种困难。

概率的主观主义解释与逻辑解释相比还有一个好处，它可以完全抛弃中立原则带来的困境。"我们按照Keynes先生的理论可以把所有概率都化归为先验概率的商，因而正是对于这些先验概率的商，中立原则才是特别重要的。但是这个问题显然不是形式逻辑的问题，我们怎么能够仅仅根据逻辑的理由来把光谱分为同等或然的频带？"[12]69我们知道，凯恩斯在概率求值上为了避开人们最初期望可能有的主观任意性而求助对称性条件来加以限制，但是恰恰是对称性的条件蕴含了人们必须接受概率相等的假说，从而引起了一些说不清楚的困难。因此，事实上，我们不能也没有理由来对概率进行强行的客观限制。拉姆齐形象地说："我们不认为形式逻辑应该告诉人们一个人对于从一只缸里取出一个白球或黑球的期望应该是什么。"[12]68也就是说，对于人们最初的期望，我们不能从逻辑上强加限制，正如我们没有理由仅仅根据逻辑的理由来把光谱分为同等或然的频带。

事实上，不同的个体完全可以按照自己的信念来选择这个最初的期望，我们能够做的只能是加上一致性的条件，只要我们的期望满足了一致性，这个最初的期望就应该是合理的，我们没有理由也不需要有一个事先唯一确定的期望，人们的初始期望完全可以是在这个一致性限制之内的任何东西。"我们需要指出的只是，如果他有某些期望，他就会由于一致性的要求而有某些其它的期望。"[12]68之所以只能这样做，不是形式逻辑的问题，而是因为要使得概率更符合普通的形式逻辑。因此，拉姆齐说："中立原则现在可以被完全抛弃了，……能够把中立原则驱赶出形式逻辑是一个极大的优点，因为十分清楚，不可能为它的有效性定下纯粹的逻辑条件，就如同Keynes先生试图做的那样。我不想详细讨论这个问题，因为它导致琐碎无益的和任意的区分，而对这种区分的讨论可以是没完没了的。"[12]68

虽然主观概率理论由于成功地寻求到自己的主观基础得以建构起来，

并且和其他概率解释理论相比确实避开了不少困难，也不具有其他概率理论所具有的明显缺陷，但是对它还是有不少的反对意见。

按照主观概率理论者的思想，部分信念在满足一致性的条件下是自由的，它并没有被唯一地确定。有批评者认为，这种对概率分配过于宽泛的要求会导致种种令人感到荒谬的问题。对于一个互相排斥的命题的完全集合，只要人们赋予这个集合的概率之和为1，那么所有这样的概率分配都是容许的。具体到"明天这里将下雨"和"明天这里将不下雨"这两个命题，你既可以分别赋予其0.9和0.1的相信度，也可以赋予其0.1和0.9的相信度，等等，这在主观概率理论看来都是合理的。正是在这个意义上，拉姆齐说："它们的意义并不依赖于任何相信度被唯一地确定为对某一命题是合理的，它们仅仅区分开这些遵从它们的一致的信念集合。"[12]62–63对此，菲尼蒂也同样认为一贯性并非就是限定了只能有一个合理的相信度，而是指满足了一贯性条件的不同的相信度集合都是合理的，他说："不一致的意见总是合法的。这对整个概率论的纯主观性质没有任何影响。"[12]137尤其对于一些经验丰富的人们来说，实际上，"在许多问题中，形形色色的正常个人的主观判断不仅不是本质上彼此不同，而且甚至恰恰是一致的"[12]82。因为问题的解决方式虽然是主观主义的，但是这种解释本身没有违背逻辑规则。

主观主义者并不否认归纳合理性问题，拉姆齐在奠定了概率的部分信念解释的合理性之后重点考察了归纳逻辑，认为"归纳是这样一个有用的习惯，因而采用它是合理的"[12]76，并且把归纳逻辑看成人类的逻辑或者真理逻辑。菲尼蒂则通过他的意见收敛定理认为，"如果接受了主观主义观点，归纳问题就因此得到一个解答。这个解答自然是主观的，但它本身却完全合乎逻辑"[12]136。

总之，虽然主观概率理论有缺陷，但是其也具合理性。拉姆齐的《真理与概率》称得上博弈论的开山之作，尤其是拉姆齐在意识到用金钱打赌的缺陷后，试图摆脱由此带来的矛盾，进而提出了期望效用理论。阿罗对此给予了很高的评价，认为现代有关期望效用的理论只能是拉姆齐观点的变形。随着现代决策论的发展，该理论越来越得到重视，因为在决策论那里，主体决策依赖于建立在其认知上的对外部事件的主观评价，所以不确定事件的概率在不同决策者那里是不同的，且它大大影响决策者的策略选择。

3 拒斥客观概率

20世纪30年代,菲尼蒂独立地提出了主观主义的概率思想,并且将之发展成为系统的主观概率理论,成为主观主义概率观代表人物之一。他坚持主观主义的一元论,拒斥客观概率,明确主张谈论客观概率没有任何意义,坚信只有消除概率中的客观性,才能使这个概念真正清晰起来。他主张超出个体则无概率,强调概率只能是私人意义上的,脱离主观判断的概率不能独立存在。

菲尼蒂主观主义概率观有一定的合理性:之所以菲尼蒂将概率本身与概率的计算区分开来,是因为虽然一个用来计算概率的数学系统适合所有的人,是客观的,但是概率本身,即对事件发生可能性的部分信念则取决于个体当前的背景知识,有着个体的认知成分;进一步看,就是一个用来计算概率的数学系统,也总是反映了个体的知识。

菲尼蒂对主观概率理论的主要贡献在于:提出可换性概念,以此为基点得到概率特征定理,从而建构起主观概率理论,促进了主观贝叶斯理论的发展,为现代决策和统计理论奠定了基础。基于其逻辑规律和主观根源,他认为没有必要承认概率有一个确定值,主观概率理论同样可以对频率理论所能解决的问题给予很好的解释,并且能够清晰地解释个体可以从过去的经验观察中得到学习,导致不同个体意见收敛,从而可期望的预测将接近于一个稳定值。

3.1 菲尼蒂主观主义概率观的基本思想

人们在对待概率的问题上有两种截然相反的观点:一种观点认为概率是存在于我们思想之外,反映了客观世界的一个特性,因此必须把概率概念中的主观因素消除,这样得到的概率概念才是科学的。另一种观点则强调如果脱离了主观判断的概率是不能独立存在的,概率只能是私人意义上的,因此应该消除的是其中的客观规定性,只有这样才能使这个概念真正清晰起来。

3.1.1 概率不存在

菲尼蒂是后一种观点的典型代表人物之一,他有一句名言:"概率不存在(PROBABILITY DOES NOT EXIST)。"他以此来表示他拒斥客观概率的坚定立场,即没有什么预先就存在的客观概率,概率只能是主观意义上的。他认为只有这样的概率概念才最接近于"普通人"的概念,人们每天运用于实际判断的正是这个概念。但是,这对主观概率而言存在一个困难,因为人们惯常使用概率的过程会使得概率具有客观的意义,这一点菲尼蒂也注意到了,他说:"有人想通过两个步骤为概率提供一种客观意义:等概率情形的设计和关于频率的考虑。"[12]96菲尼蒂也承认在通常的情况下,概率求值的确依赖于这两个步骤,不过,他声称:"这两个步骤决不会迫使我们承认一种客观概率的存在。"[12]96

在概率的传统定义上,需要确定各个可能情况是等概率的,并且我们知道:如果纯粹从客观的意义上来理解这个等概率事实的存在,不仅不能解释概率的主观意义,而且使得传统的概率定义也会出现一些熟知的困难。菲尼蒂则认为如果将这个意见一致的事实看作一种心理学的事实,即等概率其实是个体的主观判断,是个体出于自发的对称性的考虑,那么这些困难都会消失。我们不仅可以明确概率的主观解释,而且可以对传统的概率定义进行辩护。他认为,"人们一般都会通过具有或大或小的精确性、但无疑非常自发的关于对称性的考虑而一致地分给各种可能的情况以相同的概率。因此,基于有利情况数与可能情况数的关系的概率的传统定义可以得到直接的辩护"[12]96–97。

菲尼蒂同样注意到了频率问题,在一般情况下,人们通常根据相对频率来求一个随机事件出现的概率,"例如,求一个给定的人——我们说他是A先生——在今年之内死亡的概率。……人们必须考虑另外的事件,如在这一年中与A先生同样年纪且生活在同一国家的人的死亡率。让我们假定，在这些人中，一年之内有千分之十三的人将死亡；特别的，如果所有概率被断定为相等的，则其公共值为P=0.013，A先生死亡的概率就是0.013"[12]100。很显然，这种从相对频率求概率的方法是预先规定了一个客观概率的存在。不过，要坚持概率是主观的，必须能够用主观概率理论来处理这个频率标准问题，能够解释清楚为什么随着人们经验的逐渐增加，概率求值会逐渐和过去观察到的频率相一致。菲尼蒂清楚地看到了这一点，他指出，"这里的问题是要从主观主义观点出发来说明其价值，并且准确地表明它的内容是如何保留的"[12]97。他将这个问题分为两个部分："第一部分是基本的，是关于概率求值与未来频率预测之间的关系；第二部分更复杂，是关于过去频率观察与未来频率预测之间的关系。"[12]97-98 为此他引入了一个关键的概念——可换性(exchangeability)，并且以此为基点得出了意见收敛定理，从而对这个问题给出了自己的主观主义的解释。

3.1.2 可换性概念及其特征定理

菲尼蒂认为传统的依据独立事件来定义概率不仅使得概率具有客观意义，而且会造成我们无法从经验中学习。因为独立事件的一般含义就是前次事件的发生对后一事件的发生没有任何影响，事件之间相互独立。例如，在掷硬币中，第一次得到正面向上或者向下的结果不会影响到第二次投掷的结果。这样一来，当我们对未来事件发生的概率进行判断的时候，对先前发生的事件的经验观察无效，因为它们之间是相互独立的。因此，为了避免事件的独立性和概率的客观意义，他引入了可换事件并且确立了随机可换性的一般概念。

按照菲尼蒂的看法，他的可换事件是不独立的，比独立事件更宽广。不过，为了理解可换事件，我们首先从贝努利试验开始论述。贝努利试验的特点是试验的结果只取两个值：要么事件发生，或者说试验成功；要么事件不发生，或者说试验失败。对于掷硬币的试验而言，要么结果是硬币的正面向上，要么结果是硬币的正面向上没有发生，即反面向上。当然，这并不一定要求事件实际只能有两个可能的结果。例如，在掷骰子的试验中，虽然实际的可能结果有6个，但是，如果我们只研究结果是"出现1点"，还是"不出现1点"，这也是一个贝努利试验。

现在的问题是要求出前n次试验的所有可能结果的概率。在这之前,我们先以掷硬币为例,搞清楚在贝努利试验中基本事件的含义。

在n次投掷一枚硬币的贝努利试验中,出现正面的相对频率可能是$0/n$,$1/n$,…,r/n,…,n/n(r表示出现正面的次数,$0\leq r\leq n$)。具体到将一枚硬币投掷3次,结果出现正面向上(以H表示出现正面向上,以$\bar{H}$表示没有出现正面向上)的相对频率可能是0,1/3,2/3,1。这样,一共会出现8个可能结果,分别为:相对频率为0时的1个可能结果$\bar{H}\bar{H}\bar{H}$;相对频率为1/3时的3个可能结果$\bar{H}\bar{H}H$,$\bar{H}H\bar{H}$和$H\bar{H}\bar{H}$;相对频率为2/3时的3个可能结果$\bar{H}HH$,$H\bar{H}H$和$HH\bar{H}$;以及相对频率为1时的一个可能结果HHH,对其中的每1个可能结果我们都称为一个基本事件。

这样一来,可以得到:对于任意n次试验,如果考虑到序列中可能结果(基本事件)出现的次序,一共有2^n个可能结果数,即基本事件的数目。其中"正面"的n次重现只有一个可能结果,用$\binom{n}{n}$表示;"正面"出现$n-1$次,"反面"出现1次,有n个可能结果,用$\binom{n}{n-1}$表示;……;"正面"出现r次,"反面"出现$n-r$次,有C_n^r个可能结果,用$\binom{n}{r}$表示。

在独立性的条件下,如果已经知道正面出现的概率为P,那么每一个基本事件的概率为$P^r(1-P)^{n-r}$。因为基本事件之间是等概率的,所以n次试验中,事件E出现r次的概率为:$P(E)=\binom{n}{r}P^r(1-P)^{n-r}=C_n^r P^r(1-P)^{n-r}$。

下面来考察可换性概念,如果用$\omega_r^{(n)}$表示一个人掷n次硬币所得到的正面出现r次的概率,包括各种次序,"正面"出现r次,"反面"出现$n-r$次,那么,因为得到这个可能的结果有$\binom{n}{r}$种不同的排列方式,所以$\omega_r^{(n)}$应为所有可以得到这个可能结果的$\binom{n}{r}$种不同方式的概率的总和,并且这些概率的平均值应该是$\omega_r^{(n)}/\binom{n}{r}$。

很显然,这样得到的概率的平均值对于每一种频率而言或者偏大或者偏小,但是,如果在具有相同频率的各种结果中来考察概率,我们则会发现这些频率相同的结果彼此之间的区别仅仅在于正面或者反面出现的次序的不同。例如,上面提到的硬币正面出现的频率等于2/3时包括的可能结果为($\bar{H}HH$, $H\bar{H}H$ 和 $HH\bar{H}$),在这3个可能结果中,正面都是出现了2次,只不过先后的次序不一样。

菲尼蒂意识到,"一般说来,不管是否假定一次掷币会影响紧接着的下一次掷币,或者是否假定外部环境的变化等等,都会有依次序而定的不同的概率分配"[12]107。但是,他指出如果不考虑基本事件因为出现次序的不同而带来的相互之间概率值不同的情形,只考虑概率不依赖于试验次序的情形,我们自然就会得到这些具有相同频率的结果都有相同的概率。

这样一来,菲尼蒂引入了他的可换事件,如果被考虑的那类事件满足了这个条件——"在这样的情形中,每一个在 n 次试验中有相同频率 r/n 的结果都有相同的概率,即 $\omega_r^{(n)}/\binom{n}{r}$ "[12]107——那么此类事件是可换事件(对可换事件的理解,可参见江天骥的《归纳逻辑导论》:"可换事件的一个序列就是这样的序列:在序列的事件的一个有限集中,一个给定属性的任何特殊分布的概率仅仅决定于具有那个属性的那一分布中事件的数目。描述可交换事件序列的特征的一种容易方法,是简单地说它们是一些其事件的排序指数不被认为相干的序列。")。按照这样的条件,我们可以看到掷币的这类事件就是可换事件,其中的各次掷币是可换的。例如,在前面所说的投掷3次币的试验中,正面出现2次的3个可能结果 $\bar{H}HH$, $H\bar{H}H$ 和 $HH\bar{H}$ 中,如果不管正面出现的次序的不同,这3个可能结果发生的概率就是相同的,它们之间在概率相等的含义上就是可换的。同理,正面出现1次的各个可能结果 $\bar{H}\bar{H}H$, $\bar{H}H\bar{H}$ 和 $H\bar{H}\bar{H}$ 发生的概率也是相同的。以此类推,在掷4次硬币的试验中,正面出现1次的各个可能结果 $\bar{H}HHH$, $H\bar{H}HH$, $HH\bar{H}H$ 和 $HHH\bar{H}$ 出现的概率也是相等的。同理,正面出现2次、出现3次、出现4次的各个可能结果出现的概率也都是相等的。如此推论,可以得到有相同频率 r/n 的各个可能结果出现的概率都是相等的。从这里,我们就可以清楚地看到"可换"实际是相对于我们关于概率的判断。

如果我们把事件出现1次称为有一个有利结果,把事件没有出现称为出现了不利结果,那么从可换性定义可以导致"n 次确定的试验有一个有利结果的概率将总是相同的，不管选择什么样的n重（n-tuple），这个概率将等于 $\omega_n = \omega_n^{(n)}$”[12]107。菲尼蒂从这一特征推出“在$n$次试验中包括$r$个有利结果和$s$个不利结果的所有结果都具有同样的概率，即：$\omega_r^{(n)} / \binom{n}{r} = \sum (-1)^s \Delta^s \omega_r$”[12]107。这就是说，可换事件的概率仅仅取决于n和r，只要n和r相同，则可换事件的概率就被确定了；反过来，如果事件的概率有这个特征，此事件也就是可换的。

掷币事件就是可换事件，其中各次掷币是可换的，对于任意n次试验序列 $\overbrace{\bar{H}\cdots\bar{H}}^{r}\overbrace{H\cdots H}^{n-r}$ 、$\overbrace{\bar{H}\cdots\bar{H}}^{r-1}H\bar{H}\overbrace{H\cdots H}^{n-r-1}$ 和 $\overbrace{\bar{H}\cdots\bar{H}}^{r-2}H\bar{H}\bar{H}\overbrace{H\cdots H}^{n-r-1}$ 而言，虽然有利结果出现的次序不一样，但是，因为这三个序列出现了相同次数的有利结果，都出现了r次有利结果，所以它们的概率应该是相同的。有利结果和不利结果在其中的互换并不影响序列的概率值，也就是说序列的概率值已经完全被n和r的数目所确定了。可以推出，对于任意n次确定的试验，如果不论事件出现的次序，事件发生r次的概率是相等的，那么这些事件就是可换事件。

菲尼蒂还给出了可换性定义的另一个等价条件：“有一个假说A，即在另外的特定试验中有r个有利结果和s个不利结果。以这个假说为条件的任何试验E的概率不取决于所选择的事件，而仅仅取决于r和s（或取决于r和$n=r+s$）。”[12]108

因为：一方面，如果 $P(A) = \omega_r^{(n)} / \binom{n}{r}$，$P(A \cdot E) = \omega_{r+1}^{(n+1)} / \binom{n+1}{r+1}$，那么可得 $P(E|A) = P(A \cdot E) / P(A) = \left(\omega_{r+1}^{(n+1)} / \binom{n+1}{r+1}\right) / \left(\omega_r^{(n)} / \binom{n}{r}\right) = \frac{r+1}{n+1}\omega_{r+1}^{(n+1)} / \omega_r^{(n)}$，这时，可以看到这个概率仅仅是$n$和$r$的函数[记为 $P_r^{(n)}$]，即 $P(E|A) = P_r^{(n)}$。

另一方面，假定 $P(E|A) = P_r^{(n)}$，即仅仅是n和r的函数，那么显然可以得出，对于每一个n重，所有试验都将有利的概率是 $\omega_n = P_0^{(0)} \cdot P_1^{(1)} \cdot \cdots \cdot P_{n-1}^{(n-1)}$。一般说来，很容易看到，就可换事件而言，整个关于 $E_{i_1}, E_{i_2}, \cdots, E_{i_n}$ 的概率的问题不依赖于（相异的）下标 $i_1, i_2, \cdots, i_n$ 的选择，而仅仅依赖于 $\omega_0, \omega_1, \cdots, \omega_n$ 这些概率。这个事实证明我们引进的“可换事件”的名称是合理的[12]108。

菲尼蒂在给出可换性定义之后，证明了在：n次试验中包括r个有利结果和s个不利结果（$s=n-r$）的所有结果的概率为 $\omega_r^{(n)}/\binom{n}{r}=\sum(-1)^s\Delta^s\omega_r$。并且，在此基础上得出了可换事件概率的特征定理。

在贝努利试验中，事件有发生和没有发生两个值。对可换事件序列 $E_{i_1}E_{i_2}\cdots E_{i_r}\bar{E}_{j_1}\bar{E}_{j_2}\cdots\bar{E}_{j_s}$ 来说，事件 E_i 可换，仅当它们的表达式也是可换的，即随机量 X_i（$X_i=1$ 或者 $X_i=0$，1 和 0 分别表示事件发生和没有发生）可换。这样，就可以把可换事件作为可换随机量的一个特殊场合来研究。E_i 的表达式是 x_i；$\bar{E}_i$ 的表达式是 $1-x_i$；E_iE_j 的表达式是 x_ix_j；$E_i\vee E_j$ 的表达式是 $1-(1-x_i)(1-x_j)$。

上面可换事件序列的表达式就是 $x_{i_1}x_{i_2}\cdots x_{i_r}(1-x_{j_1})(1-x_{j_2})\cdots(1-x_{j_s})$。这样一来，可以从这个事件的表达式中推导出：

$E_{i_1}E_{i_2}\cdots E_{i_r}\bar{E}_{j_1}\bar{E}_{j_2}\cdots\bar{E}_{j_s}$ 的概率为 $\omega_r^{(n)}/\binom{n}{r}=\sum(-1)^s\Delta^s\omega_r$。

菲尼蒂证明了可换事件序列或者可换随机量符合“大数定律”（大数定律指，如果在贝努利随机试验中，事件A发生的次数为 n_A，事件A出现的概率为P，那么当试验次数n趋向于无穷大时，事件出现的频率 n_A/n 会趋向事件出现的概率P。）的特征，即只要h和k足够大，则$|Y_h-Y_k|>\varepsilon(\varepsilon>0)$的概率任意小，$Y_h$ 和 Y_k 为h个和k个随机量 X_i 的平均值（它们自身也是随机变化的）。从大数定律对可换随机量有效这个事实，很容易得出：当n无限增大时，随机量 X_i 中的n个平均值 Y_n（n次试验的频率函数，$Y_n=\frac{1}{n}\sum_{i=1}^{n}X_i$）的概率分布趋向一种极限分布。用符号表示就是：当$n\to\infty$时，$\Phi_n(\xi)=P(Y_n\leqslant\xi)$这个分布趋向于一个极限，即存在一个极限分布 $\Phi(\xi)$，使得 $\lim\limits_{n\to\infty}\Phi_n(\xi)=\Phi(\xi)$，并且这个极限分布函数能够被可换事件完全确定[12]108–115。

只要给出极限分布Φ，就可以确定任何能够用可换事件定义的问题的概率，对可换事件而言，所有这样的问题都导致概率 $\omega_r^{(n)}=(-1)^s\binom{n}{r}\Delta^s\omega^r=\binom{n}{r}\int_0^1\xi^r(1-\xi)^s\,\mathrm{d}\Phi(\xi)$[12]115。

对于独立性事件而言，如果事件出现一次的概率为ξ，那么n次试验事件出现r次的概率为$P_{\xi}(E)=\binom{n}{r}\xi^{r}(1-\xi)^{n-r}$。缘于此，菲尼蒂给出该公式的另外一种形式，现在一般称为可换事件的特征定理："设$P_{\xi}(E)$为当E_1，E_2，…，E_n…被看作是独立事件，并且具有相同的概率ξ时给予一般事件E的概率；E_i为具有极限分布$\Phi(\xi)$的可换事件，则那个一般事件的概率$P(E)$为$P(E)=\int_0^1 P_{\xi}(E)\,\mathrm{d}\,\Phi(\xi)$。这个事实可以表述为：与可换事件的情形相应的概率分布P是与独立等概率事件的情形相应的概率分布P_{ξ}的线性组合，$\Phi(\xi)$表示线性组合中的权。"[12]116

这个结论表明：如果有一种可换试验情形，并且Φ是频率的极限分布，那么只要考虑一种概率分布为Φ的随机量以及哪些与假设$X=\xi$（0和1之间的任何值）相一致，并且概率$P=\xi$的独立事件就可以了，这类可换事件的概率是独立事件的概率分布的线性组合，P_{ξ}是与独立性和常概率假设相应的概率分布。因此，"可换事件"相当于我们通常看作"具有未知的常概率P的独立事件"的那些事件，$\Phi(\xi)$就是"这种未知概率P小于ξ的概率"，$\Phi(\xi)$表示组合的加权，它显示了人们的信念分布。

除了这种积分的形式，菲尼蒂还给出可换事件概率的另外一个线性组合公式：$P(E)=\sum C_i P_i(E)$（$C_i>0$，$\sum C_i=1$）。在这里，$P_i(E)$是对事件未知的概率提出的假设性判断，相当于独立等概率情形下的概率分布，C_i是对假设性的概率的加权，反映了人们对$P_i(E)$的主观上的置信度，实际也就是关于概率的主观概率。例如，当$P_1=1/3$时，如果对这个概率判断的相信程度为1/4，即$C(P_1=1/3)=1/4$，那么$C_1=1/4$。而整个可换事件的概率就等于以C_i为权重的所有$P_i(E)$这些概率分布的线性组合。

根据菲尼蒂的观点，可以通过掷币试验来分析可换性事件与独立性事件的不同。掷一枚硬币，因为不知道硬币的特性，当事人可以对出现正面的概率提出若干的假设P_i。例如，给出三个假设$P_1=1/3$，$P_2=1/2$和$P_3=2/3$，如果对这三个假设的概率在主观上没有偏爱，那么$C_1=C_2=C_3=1/3$。这样一来，整个事件的概率为1/3（1/3+1/2+2/3）=1/2。在这里，虽然其中的每一个概率假设相当于一个独立事件[客观概率解释理论的提出者认为随机事

件是独立事件,或者说事件是条件独立的,因此他们的理论都是建立在独立性的基础上的。而菲尼蒂则强调,之所以“可换性”概念是主观的,一个原因就在于它的建立不需要独立性这个条件。对独立性的直观理解就是,如果在一定的条件下,一个事件出现的概率不会受到另一个事件出现与否的影响,那么在这一条件下,这两个事件就是独立的。在试验条件F下,一个事件E_2发生与否肯定要影响到另一事件E_1出现的概率,即$P(E_1|E_2F) \neq P(E_1|F)$。简而言之就是,$P(E_1|E_2) \neq P(E_1)$。这也就意味了$E_1$和$E_2$并不是互相独立的(或者说不是条件独立的),$E_2$的出现与否对$E_1$的出现有影响。如果$P(E_1|E_2) = P(E_1)$,那么说明$E_1$发生的概率不会受到$E_2$出现与否的影响,同理,如果$P(E_2|E_1) = P(E_2)$,那么说明$E_2$发生的概率不会受到$E_1$出现与否的影响,也就是这两个事件的发生与否是互不影响的,这也就是所谓的事件E_1与E_2的是条件独立的]的情形,但是由它们线性组合之后得到的可换事件的概率并不独立。在掷了若干次硬币,形成一个序列E之后,现在再掷一次硬币,假设为事件A。我们知道对于每一个假设P_i而言,得到的序列应该是独立的,事件是独立事件。因此,可以得到$P_i(A|E) = P_i(A \cdot E) / P_i(E) = P_i(A)$。但是,对于由这些假设组合起来的事件A的概率是不是独立的呢?

可以看出,对于组合起来的概率而言,事件A与序列E是不是相互独立,事件A受不受在这之前的序列的影响,关键就是要看以E为条件的概率$P(A|E)$与$P(A)$是不是相等。如果两者相等,则符合独立性条件,它们之间是相互独立的;如果不相等,则说明由所有的P_i组合起来的事件的概率不独立。

因为$P(A|E) = P(A \cdot E) / P(E) = \sum P_i(A)\, C_i\, P_i(E) / \sum C_i\, P_i(E)$,如果$n$次投掷硬币得到的结果都是正面朝上,即$P_i(E) = \binom{n}{r} P_i^n = P_i^n$,并且对各个假设的相信程度相同,即$C_i = 1/i$,那么$\sum C_i P_i(E) = \frac{1}{i}\sum P_i^n$,因为$\sum P_i(A) C_i P_i(E) = \frac{1}{i}\sum P_i^{n+1}$,所以$P(A|E) = \sum P_i^{n+1} / \sum P_i^n$。而此时,$P(A) = \sum C_i\, P_i(A) = \frac{1}{i}\sum P_i$,很明显,$P(A|E) \neq P(A)$。

为了直观，我们可以接着上面的例子来看。例如，令前3次投掷硬币（即在A之前的E）都得到正面朝上，那么：

$$P(A|E)=\sum_i P_i^{n+1}\Big/\sum_i P_i^n$$

$$=((1/3)^4+(1/2)^4+(2/3)^4/((1/3)^3+(1/2)^3+(2/3)^3)=353/594>1/2,$$

而$P(A)=1/3(1/3+1/2+2/3)=1/2$。

这说明，由各个可以看成独立等概率情形的假设组合起来的概率并不是独立的，可换事件并不是独立事件，虽然其中的每个假设可以相当于独立事件，但是可换性事件的范围应该是比独立性事件更广。

3.1.3 意见收敛定理及其主观贝叶斯推理

在菲尼蒂提出主观概率理论时，主流概率论和统计学信奉着客观贝叶斯理论，使用概率的极限频率的定义，并且人们对事件概率的求值依赖于自己经验的观察。这样一来，之所以随着经验的增加，不同的个体决策时有着大致相同的预测，对事件概率的预测会接近极限频率，原因在于偶然事件概率的客观实在性，是事件本身所具有的一种属性。据此，在一个可重复出现的掷硬币的试验序列中，随着试验次数的增加，事件出现的概率会和这个序列的频率相一致，频率理论认为这是硬币本身的情况和试验条件等客观的因素所决定的。于是，经过长期试验后，人们获得了经验，会接受频率为它的概率值。因此，对未来事件的预测要依赖以往对频率的观察，是经验修正了我们最初的判断。并且，之所以随着经验的增加，不同的个体在进行决策时有着大致相同的预测，是因为偶然事件具有一个客观意义的概率。

如果要让人信服主观概率理论的合理性和适用性，那么势必要解释清楚频率论所能解释的现象。菲尼蒂认为自己给出了满意的解答，因为借助可换随机量进行贝叶斯推理，最终将得到意见收敛的结论，我们通常称之为“意见收敛定理”{意见收敛定理的表达式可参见陈晓平的《归纳逻辑与归纳悖论》：“对于无穷重复独立实验$\Phi x_1, \Phi x_2, \cdots, \Phi x_i, \cdots$，有互斥且穷举的$n$个竞争假设$h_1, h_2, \cdots, h_n$，其中每一个假设$h_i$断定该重复独立试验的特征概率$p_r(\Phi x_i)=p_i$。令$h_{tr}$代表这$n$个假设中其断定值$p_{tr}$最为接近观察频率

K_L/L的假设;则有:对于各个假设的验前概率的任何非零赋值和任意小的正数ε和δ,存在一个长度J,使得对于每一试验长度$L \geqslant J$: $p_r[p_r(h_{tr}/K_L) > 1-\delta] > 1-\varepsilon$,以上便是意见收敛定理的一种表达方式,其大意是:当试验次数充分多时,其断定值最接近观察频率K_L/L的假设h_{tr}的验后概率趋近于1。意见收敛定理的另一种表述方式是:对于各个假设的验前概率的任何非零赋值和任意小的正数ε和δ,存在一个长度J,使得对于每一试验长度$L \geqslant J$: $p_r[|p_r(\Phi x_i/K_L) - p_{tr}| < \delta] > 1-\varepsilon$,此定理的大意是:当试验长度充分大时,该重复独立试验的特征概率趋近于h_{tr}的断定值p_{tr}。"}。不同的个体对事件具有的背景知识不同,以至他们的信念分布不同,这会造成他们最初对事件概率的预测不一致;但是,随着事件发生次数(或者说试验次数)的增加,预测将依赖于主观意见,个体的经验逐渐丰富。不过,要指出的是,经验越丰富,依赖的程度就越低。重要的是,个体可以通过贝叶斯定理不断修正自己的置信度,使得有一个假设的后验概率趋向于1,而其他后验概率趋向于0,即个体会逐渐形成稳定的判断,并且后验概率对未来事件的预测也会越来越趋向该事件的极限频率;最终,有着不同置信度的个体,他们的置信度会接近于一个假设,他们的预测会逐渐趋向一致。

因此,菲尼蒂坚信:只要坚持主观主义的观点就可以澄清概率求值与频率之间的关系,从而对实际预测进行辩护,"没有必要承认——像通常所认为的那样——一种现象的概率有一个确定值,只要知道它就够了"[12]143。并且也只有主观主义的解释才适用于实际预测的场合,之所以如此,是因为"我们的观点在所有场合都是相同的:要表明,存在着一些相当深刻的心理学原因,这些原因使得不同个人的意见之间被观察到的那种精确的或近似的一致性成为非常自然的,但是,没有理由——不管是理性的、证实的、或者形而上学的——可以给予这一事实以任何意义,除了主观意见的简单一致性这种意义之外"[12]142。

对菲尼蒂的这一思想,可以这样进行具体的阐释。菲尼蒂认为可以通过"可换事件"的定义直接得到一个公式来说明观察到的频率对概率求值的影响。按照定义,对可换事件而言,"在n次试验中有相同频率的结果都有相同的概率",这样一来,如果可换事件E_n有一个频率分布极限r/n,那么在前n次试验序列E_n中有r个给定事件为有利结果的概率为$\omega_r^{(n)}/\binom{n}{r}$,在第$n$+1次试验有利结果可能出现也可能不出现,因此$n$+1次试验序列$E_{n+1}$中有该频率的结果的概率为$\omega_r^{(n+1)}/\binom{n+1}{r}+\omega_{r+1}^{(n+1)}/\binom{n+1}{r+1}$。

于是,可以得到:$\omega_r^{(n)}=\dfrac{n-r+1}{n+1}\omega_r^{(n+1)}+\dfrac{r+1}{n+1}\omega_{r+1}^{(n+1)}$。

根据可换事件的等价条件$P_r^{(n)}=\left(\omega_{r+1}^{(n+1)}/\binom{n+1}{r+1}\right)\Big/\left(\omega_r^{(n)}/\binom{n}{r}\right)=\dfrac{r+1}{n+1}\cdot\dfrac{\omega_{r+1}^{(n+1)}}{\omega_r^{(n)}}$,代入$\omega_r^{(n)}$值。可以得到:$P_r^{(n)}=(r+1)/\left[n+2+(n-r+1)\left(\dfrac{\omega_r^{(n+1)}}{\omega_{r+1}^{(n+1)}}-1\right)\right]$。

当$\omega_r^{(n)}$不取决于r,并且$\omega_r^{(n)}=1/(n+1)$,$\omega_{r+1}^{(n+1)}=1/(n+2)$时,$P_r^{(n)}=(r+1)/(n+2)$,这就是拉普拉斯后继原则[拉普拉斯后继原则:拉普拉斯后继原则是逻辑学家文恩命名的,它要解决的问题是:假设罐中有k+1个硬币,从中随机抽取第i个硬币是正面向上的概率为i/k(i=0,1,…,k),我们用这枚硬币进行重复投掷,如果前n次都出现正面向上,问第n+1次出现正面向上的概率是多少?这是在给定的试验条件下,已经知道前几次事件出现的频率,怎么求在同样的条件下,下一次事件出现的概率的问题。在这里,着重要注意的是,这个问题和通常的掷硬币或者掷骰子的随机试验的一个重大不同在于:我们并不能像通常的掷硬币或掷骰子试验那样由无差别原则分别得到它们的先验概率为1/2或者1/6。我们只知道事件出现的频率,即前几次事件出现的次数或不出现的次数。这个问题实际上是一个条件概率的问题,可以这样解决:假设E_i为取出第i个硬币的事件,i=0,1,…,k,F_n为用该硬币掷n次都是正面向上的事件,F_{n+1}则为第n+1次正面向上的事件,在F_n事件的出现的条件下,求F_{n+1}事件出现的概率,即$P(F_{n+1}|F_n)$。由假设得,$P(F_{n+1}|F_n)=\sum_{i=0}^{k}P(F_{n+1}|F_nE_i)P(E_i|F_n)$。因为,已知随机取出第$i$个硬币是正面向上的概率为$i/k$,在试验是独立的情形下,每次试验结果是独立的,所以在这个条件独立的前提下,每次出现正面向上的概率相同,都为i/k,即$P(F_{n+1}|F_nE_i)=P(F_{n+1}|E_i)=i/k$。另外,由条件概率定义可得:$P(E_i|F_n)=$

$P(E_i)P(F_n|E_i)/\sum_{j=0}^{k}P(F_n|E_j)P(E_j)$。所以，$P(F_{n+1}|F_n)=\sum_{i=0}^{k}(i/k)^{n+1}/\sum_{j=0}^{k}(j/k)^n$，当$k$很大时，$\sum_{i=0}^{k}(i/k)^{n+1}/\sum_{j=0}^{k}(j/k)^n \approx (n+1)/(n+2)$，即：$P(F_{n+1}|F_n)\approx(n+1)/(n+2)$，这就是拉普拉斯后继原则]。这也是菲尼蒂作为可换事件合理性的一个证据：虽然没有运用独立事件的客观概率，但是他的理论却可以解释运用了条件独立得出的拉普拉斯后继原则[12]133。

另外，我们可以看到，n趋向于无穷大时，如果$\omega_r^{(n+1)}=\omega_{r+1}^{(n+1)}$，即$\omega_1^{(n)}=\omega_2^{(n)}=\omega_n^{(n)}$，得到的结果与拉普拉斯后继原则一样。如果$\omega_{r+1}^{(n+1)}$大于或者小于$\omega_r^{(n+1)}$，$P_r^{(n)}$虽然大于或者小于它在拉普拉斯例子中的值，但是，"无论如何，$P_r^{(n)}$接近于$(r+1)/(n+2)$，因而接近于频率r/n，如果这个比值接近于1的话。因此，为了很容易地为在可换事件的情形中观察对预测的影响作辩护，只需要接受这个条件就够了"[12]134。

菲尼蒂通过对可换情形的推理，认为主观概率理论能够说明过去的频率观察对人们的预测确实起了一般的指导作用，不仅解决了概率与频率的关系，使得主观概率理论具有了普遍性，而且他认为他的主观概率的理论比频率理论更好。因为他认为在独立性条件下，前面的试验不会对后面的试验产生影响，事件之间应该是相互独立的。同理，先前的经验观察对未来的概率预测没有任何影响，因此人们也就不可能从经验中得到知识。但是，他的可换事件可以合理地说经验观察会影响人们对未来概率（以经验为条件的概率）的预测，也就是说人们可以从经验中得到知识，这和通常认为的人类知识的接受是归纳过程相吻合。也正是在这个意义上，人们往往把作为条件的事件概率称为先验概率（Prior Probability），把以经验为条件的事件概率称为后验概率，表示该概率的获得是发生在事后，受到了经验的影响。例如，当我们知道前n次试验的结果为A时，那么第$n+1$次试验的概率$P(E_{n+1}|A)$为后验概率。在独立性条件下，$P(E_{n+1}|A)=P(E_{n+1})$，因此，$P(E_{n+1}|A)$并不能反映它的获得是以A为条件得到的，为了与$P(E_{n+1})$区别，一般也记为$P^*(E_{n+1})$。而在可换性条件下，$P(E_{n+1}|A)\neq P(E_{n+1})$，因此，可以真正体现后验概率通过经验获得，避免独立性带来的概念意义含混，使得概率概念真正获得了清晰性。

不过，菲尼蒂在提出经验对预测有指导的同时，为了将他的主观主义概率观贯彻到底，他特别强调：“不管观察对未来预测的影响怎样，它决不蕴涵、也决不表明我们在关于概率 $P(E_{n+1})$ 的最初的求值遭到经验的反驳之后修改它，并用另一个与那经验相一致、因而可能更接近于实在概率的 $P^*(E_{n+1})$ 去取代它；……这个最初意见中没有什么被放弃或被修正；不是函数 P 被修改（被另一个 P^* 所取代），而是所增加的 E_{n+1} 被 $E_{n+1}|A$ 所取代，这正是保持对于我们最初意见的忠诚（如在函数 P 的选择中所表明的），也是保持我们关于已知情况发生变化时我们的预测也随之改变的判断的一贯性。”[12]135-136 在这里，菲尼蒂拒斥客观概率的立场被清晰地展示：按照客观概率的解释，事件的发生有一个真实的、实在的概率存在，人们对任何概率的赋值都是相对于这个真实的概率而言的。因此，当经验与我们关于概率 $P(E_{n+1})$ 的最初求值不一致时，我们会放弃这个先验概率 $P(E_{n+1})$，转而用一个更接近于事件实在的概率的 $P^*(E_{n+1})$ 取而代之。但是，按照菲尼蒂的解释，当经验与这个先验概率不一致的时候，我们不会对这个先验的概率进行反驳，实际上，我们是运用贝叶斯定理由先验概率得到了事件的后验概率 $P(E_{n+1}|A)$。所以，虽然不同的个体最初先验概率不同，但是随着试验次数增加，由经过贝叶斯定理不断修正的后验概率会接近于一点，对未来事件的预测也逐渐趋向一个稳定值（这个稳定值就相当于菲尼蒂不承认的事件未知客观概率），最终不同的个体的预测自然也就趋向一致。

为了对自己的观点进行强调，菲尼蒂接着举了一个直观的事例进行说明。例如，“一个人在发行10 000张彩票的一次摸彩中摸到数字2374，他将首先给出赢得头奖的概率为1/10 000，但当他亲眼观看逐个地抽筹码，直到最后抽出比如2379这个数时，他将逐步计算获头奖的概率为1/1 000，1/100，1/10，0。在每一个时刻，他的判断完全没有自相矛盾，并且，他没有理由在看到每抽一个筹码时说他前面求的概率不对（在求值的时候）。在最后的分析中，每一次概率不为0和1的计算都必定将被放弃，因为一个完全确定了的事件只可能发生或者不发生；只有当并且只要当一个人不知道所设想的事件的结果时，概率求值才有意义；假定他不知道这个结果（因而他不被导向确定值0或1），他可以逐个考虑将修改他的判断的更多的情况，在某种意义上，这不是修正或拒斥的问题。我们正是以与此相同的方式设想在基于经验的判断的一般情形中观察对预测的影响的”[12]136。

菲尼蒂提到的这个由先验概率计算出后验概率，以及用后验概率对未来事件进行预测的过程一般称为主观贝叶斯推理过程，简述如下。

前提条件为：假设试验序列为可换事件序列，前 n 次试验的结果为 A，现在要对第 $n+1$ 次试验的结果 B 进行预测，即求 $P(B|A)$。因为 B 是未知的，对它的出现提出若干假设值 P_i（$i=1,2,\cdots$），个体根据自己的知识对每个 P_i 指派一个先验概率，即对 P_i 的确信程度 C_i，$C_i=P(P_i)$，$\sum C_i=1$，$0<C_i<1$。

推理过程为：首先，可换事件 A 是由 i 个独立事件线性混合而成，可得：$P(A)=\sum C_iP_i(A|P_i)$，并且，对于每个假设 P_i 而言，还对应于独立性条件，所以 A 在每个假设下的概率 $P_i(A|P_i)=\mathrm{C}_n^rP_i^r(1-P_i)^{n-r}$。然后，根据贝叶斯定理得到每个假设相对于 A 的后验概率 $P_i(P_i|A)=P(P_i)P_i(A|P_i)/P(A)=C_iP_i(A|P_i)/\sum C_iP_i(A|P_i)$。最后，利用全概率定理，得到在 A 结果基础上预测 B 将出现的概率 $P(B|A)=\sum C_iP_iP_i(A|P_i)/\sum C_iP_i(A|P_i)$。

结合一个实例对这个主观贝叶斯主义的经验影响预测的情形进行直观的分析：预测下一次掷硬币正面出现的概率是多少。假设硬币正面出现的概率有 $P_1=1/3$，$P_2=1/2$，$P_3=2/3$，现在由对有关知识了解程度不同的甲、乙、丙三个人来预测，由于背景知识的不同，他们分别对这三个假设的概率值给予了不同的先验概率（信任度）：$C_{甲}(P_1)=1/4$，$C_{甲}(P_2)=1/4$，$C_{甲}(P_3)=1/2$；$C_{乙}(P_1)=1/3$，$C_{乙}(P_2)=1/3$，$C_{乙}(P_3)=1/3$ 和 $C_{丙}(P_1)=1/2$，$C_{丙}(P_2)=1/4$，$C_{丙}(P_3)=1/4$。那么他们在前2次、前3次、前4次掷硬币都出现正面的情况下，他们可以计算出每个假设相对于前面试验的后验概率，以及各自预测下一次掷硬币正面出现的概率，请参见表3-1。

从下表的数据我们可以看到，尽管不同的个体由于知识的不同对假设的概率值有着不同的意见，但是随着试验次数的增加，由于试验结果最有利于 P_3，P_3 相对于试验结果的后验概率得到了增加，而 P_1 和 P_2 相对于试验结果的后验概率则减小了。

表3–1　主观贝叶斯主义的经验影响预测的实例

个体概率		试验次数								
		2次			3次			4次		
甲	后验概率	0.089	0.200	0.711	0.049	0.166	0.785	0.026	0.133	0.841
	先验概率	1/4	1/4	1/2	1/4	1/4	1/2	1/4	1/4	1/2
	预测概率		0.604			0.623			0.636	
乙	后验概率	0.138	0.310	0.552	0.081	0.273	0.646	0.045	0.229	0.725
	先验概率	1/3	1/3	1/3	1/3	1/3	1/3	1/3	1/3	1/3
	预测概率		0.569			0.594			0.613	
丙	后验概率	0.242	0.273	0.485	0.150	0.252	0.598	0.087	0.220	0.694
	先验概率	1/2	1/4	1/4	1/2	1/4	1/4	1/2	1/4	1/4
	预测概率		0.540			0.575			0.601	

对此进一步引申，可以加深我们对意见收敛定理的理解。如果之后的试验一直是正面向上，那么当n足够大时：一方面，甲、乙、丙最终对假设P_3的后验概率都会趋向于1，即形成一致的看法；另一方面，由此他们计算出预测也会趋向一致，可用下图来形象、直观地表明：随着试验次数的增加，个体预测值的增幅越来越小（例如，当试验由2次增加到3次，甲对概率的预测值增幅为0.074，而由3次增加到4次，增幅则减小为0.056），预测曲线为凸形（如图3–1）。

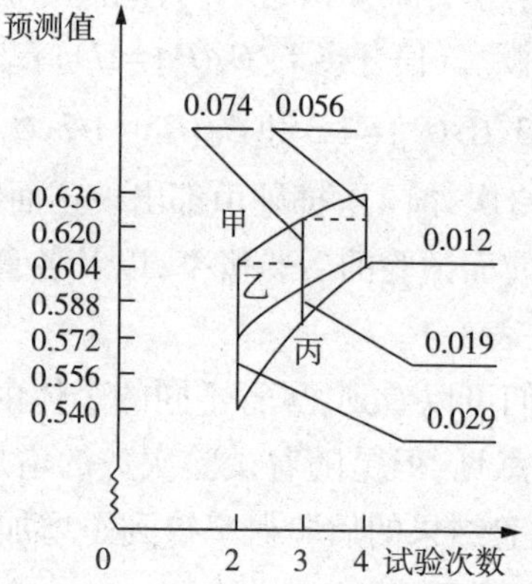

图3–1　意见收敛定理的实例

与此同时，甲的预测值的增幅小于乙的增幅，乙的增幅小于丙的增幅，即不同的个体与改变了的后验概率计算出的预测值之间的差距越来越小

(例如,对乙和丙进行比较,第二次试验后,他们预测值之间的差距为0.029,第三次试验后则减小到0.019,第四次试验后减小到0.012)。这样一来,随着试验次数足够大时,最终,他们对未来事件概率的预测也会趋向一致。

正如菲尼蒂所言:“随着观察次数的增加,最接近于观察结果的那些假设具有越来越大的重要性。而且,这必然引导我们使预测接近观察。”[12]132 之所以出现如此光滑的曲线,就是由于可换随机量定理和求不同概率时我们心中的自然倾向的结果[12]144。对此结果,菲尼蒂进行了严密的数学论证,这里只对可换事件的一个特例略作分析。

继续引用前面论述贝叶斯推理时的表述,不同的是假设前n次试验的结果均为有利结果,此时 $P_i(A|P_i)=P_i^n$ 。这样一来,如果各个假设相同,那么 $P_i(P_i|A)=C_i$, $P(B|A)=P_i$,这说明假设相对于A的后验概率没有发生变换,也就是人们不能从经验中得到学习,这相当于独立性情形。主观概率理论要求初始假设应该不同。如果各个假设不同,并且存在一个最大的假设 P_x,那么当$n\to\infty$时, $P_x(P_x|A)=(C_xP_x^n/P_x^n)/(C_xP_x^n/P_x^n)=1$, $P(B|A)=(C_xP_x^{n+1}/P_x^n)/(C_xP_x^n/P_x^n)=P_x$,即最大的假设相对于A的后验概率趋向于1,预测值趋向于这个最大的假设。一定程度上,这论证了随着试验次数的增加,在各个假设中将有一个假设的后验概率趋近于1,从而对未来事件的预测逐渐趋近于一个稳定值,因而达到不同个体意见的一致。

菲尼蒂信奉着亨利·庞加莱的观点:无论一个预测的根据在我们看来多么可靠,我们永远也不能绝对地确信,经验将不会反驳它。他认为“只有当并且只要当一个人不知道所设想的事件的结果时,概率求值才有意义;假定他不知道这个结果(因而他不被导向确定值0或1),他可以逐个考虑将修改他的判断的更多的情况,在某种意义上,这不是修正或拒斥的问题。我们正是以与此相同的方式设想在基于经验的判断的一般情形中观察对预测的影响的”[12]136。观察本身也只能是一种意见,它可以给予我们信息,可以影响我们的意见,却不能证实或者反驳一种意见。

3.2 菲尼蒂与拉姆齐的概率思想比较

如前所述,拉姆齐提出主观概率思想的论文写于1926年,而众所周知的菲尼蒂的主观主义概率理论的经典论文《预见:其逻辑规律与主观根源》发表于1937年,并且在此文中,他也提到了拉姆齐,何况两篇文章的形成时间相差11年,这似乎不能说明他和拉姆齐是同时独立发现主观概率思想的。但是,从实际情况进行分析,菲尼蒂最初提出概率的主观主义的理论确实是在不知道拉姆齐的情况下独立完成的,并且时间和拉姆齐差不多。萨维奇也认为,虽然菲尼蒂主观概率的提出在拉姆齐之后,但是他是独立的,并且非常详细地发展了这一概念。

3.2.1 殊途同归的主观主义概率观

坚持菲尼蒂提出主观主义的概率理论独立于拉姆齐是基于以下理由。第一,菲尼蒂和拉姆齐提出主观概率的时间相近。其实,菲尼蒂在1937年发表了那篇著名的论文前,就已经提出和发表主观概率的论述。早在1930年,他就陈述了他对概率的想法,最早发表的主观概率的论文是在1930年,并且1931年,菲尼蒂进一步明确了自己主观主义的立场,他在论文中对自己的理论给出了哲学方面的详细的论述,并在论文中提供了详细的数学论证。而拉姆齐的《真理与概率》一文,虽然写于1926年,其实一直到1931年才首次真正出版,在此之前,一直保留在剑桥没有公开。所以说,如果仅仅从出版这个角度来看,关于主观主义概率观的提出,菲尼蒂最早的出版物比拉姆齐的还要早一点,甚至,菲尼蒂在发表论文前的1928年,就已经按照主观的观点写了关于概率理论基础的全部说明。因此,菲尼蒂和拉姆齐提出和发表主观概率理论的时间相近,并且互有先后。

第二,菲尼蒂和拉姆齐的主观概率理论的提出是相互独立的。首先,可以肯定的一点是拉姆齐的论文写于1926年,因此他不可能是受到了菲尼蒂的影响,而且他从来没有提到过菲尼蒂,也不认识菲尼蒂,不可能和他有思想上的交流。其次,从菲尼蒂的论文中可以看出,他是在1937年的论文中才提到了拉姆齐。这说明,似乎他是一直到1937年才知道拉姆齐,而1937年的时候,他的主观主义的概率观已经基本形成。这里的关键,应该是菲尼蒂在1937年之前,或者说,在他形成主观主义概率思想的过程中是否已经知道拉姆齐所做的工作。

实际情况是,在此之前,拉姆齐虽然于1926年写出了《真理与概率》,但是并没有受到重视,拉姆齐所做的工作外界并不知道,更不要说处在意大利的菲尼蒂,就是在剑桥也没有学者问津。据梅隆介绍,一直到统计学家萨维奇从事主观概率理论的研究时,想看看是否有哲学家对这个问题说了什么,才在剑桥找到拉姆齐的论文,发现拉姆齐对主观概率有了相当程度的研究,已经奠定了主观概率的基础。1954年萨维奇在《统计学基础》一书中指出,对于一个统计学家来说,应该尊敬主观主义这种学说。

为什么拉姆齐的思想在当时的剑桥没有引起注意?虽然拉姆齐1926年就写成《真理与概率》,但是此手稿一直放在伦理科学协会(Moral Sciences Club)。拉姆齐死后,布雷斯韦特整理了这本书,并于1931年出版。不过,在这之后的十几年间,该书一直没有得到学者的注意。对此,布雷斯韦特认为自己要受到相当程度的谴责,因为,那时他虽然正在编辑拉姆齐的文章,并且也觉得很有趣味,但是正好在那个时候维特根斯坦已经来到剑桥,使得他们在剑桥花了十年,试图研究维特根斯坦的理论。摩尔在给拉姆齐的书作的序中也给出了其他原因,他认为拉姆齐不能像他已经做的那样清楚地解释事情,仅仅是因为他不明白有些解释对他人是必须的。拉姆齐不能意识到,对于他是完全清楚的并且直截了当的东西,对于其他少一些天赋的人来说,可能会存在很多迷惑。对此,梅隆给出的主要原因似乎是最合理的,梅隆认为,一方面由于拉姆齐的思想太具有独创性、太深邃了,以至对于大多数学者来说太难领悟了;另一方面,由于他又是那么谦逊,不喜欢争论,以至于虽然在他自己的头脑里很清楚,但是他并不想驳斥其他人。

因此,事实正如菲尼蒂在1937年的文章中所言:"这种表述和Ramsey的表述一样,……1937年以前,我不知道Ramsey的工作。"[12]85 即菲尼蒂是在提出主观概率理论的若干年之后,才获悉拉姆齐已经采用了相同的方法。这样一来,可以得出的结论是:拉姆齐和菲尼蒂的工作是相互独立的。

第三,虽然他们的教育背景有相同之处,但是他们提出主观主义概率观的思路以及提出的背景并不相同。如前所述,我们知道拉姆齐是英国剑桥的天才,而菲尼蒂1906年出生在奥地利,父母是意大利人。在菲尼蒂17岁的时候,出于要获得一个工程学学位的目的,他进入米兰理工学院。不过,他在三年级的时候,改变了科目,进入米兰数学学院并且在1927年获得应用数学的学位，学位论文是关于仿射几何学的研究。可以看出，在教育背景上他们有一个共同点，即都专修过数学。毕业后一直到1931年，菲尼蒂都在罗马从事概率理论和统计工作的研究[35]254。菲尼蒂对概率的贡献主要在三个方面：概率的基础、独立增量的过程、可换随机序列[35]254。

我们已经知道，拉姆齐提出主观概率的理论是从对凯恩斯的《概率论》的批评开始的。而菲尼蒂在1970年的《概率理论》的序言中回忆，他发现凯恩斯的一些想法和他的想法有一些相同。在若干年之后，他才获悉拉姆齐已经采用了相同的方法。菲尼蒂确实在1929年看过凯恩斯的书，并且在他的论文中提到："这对我来说似乎是凯恩斯的观点，但是我不能很好地判断，因此我只能很快地撇去他的文章。"[2]51这可以说明他提出自己的主观理论的时候并没有受到凯恩斯的影响，或者至少可以证明他1928年形成主观概率的思路并不是因为凯恩斯，只能说菲尼蒂是在有了自己的概率想法之后才研究凯恩斯的。

那么菲尼蒂的思路究竟是怎么形成的呢？情况或许是这样的：1925年左右，菲尼蒂阅读了生物学家福阿的一篇关于孟德尔遗传学的论文后，对概率问题产生了极大的兴趣。对遗传学问题的关注使得他进一步研究概率和统计。根据他的回忆，最初让他接触到概率问题的是克鲁伯和卡斯泰尔沃写的概率论方面的书。前者在统计学领域很出名，后者在纯数学领域更加出名，卡斯泰尔沃的杰出贡献在于几何学，事实上卡斯泰尔沃在介绍概率进入意大利数学圈时起了重要的作用[35]255。

菲尼蒂回忆到："我确信我基本的想法要回到中学时代，是由于偏爱英国哲学家洛克、伯克利、最重要的是休谟……我相信我的可交换基础上的工作是对应于休谟的思想的，但是一些学者不同意。在一些年之后，实用主义思想和物理上的概念的操作性的定义（操作主义的定义主要指爱因斯坦的'同时的'相对性以及马赫和后来的美国物理学家布里奇曼）也给我留下了有利的影响。说到概率，我遇到的第一本书是克鲁伯的书（在1950年——我第一次到美国之前——我不知道任何英国人，仅仅知道德国人和法国人）。有两三年，我试图发现（……，在运用概率研究孟德尔遗传学前后），我试图为所有提到的理论发现有效的基础，……我间接地了解到德·摩根的知识，并且发现凯恩斯的一些想法和我有一些相同；一些年之后，我

获悉拉姆齐已经采用了相同的方法。”[36]xiii

也就是说，菲尼蒂在学生时代，阅读到了克鲁伯的一本有着对多种概率概念进行阐述的著作，并且书中提到了英国数学家、逻辑学家德·摩根关于概率主观解释的观点。菲尼蒂在比较了这些概率的概念之后，觉得所有关于客观概率的定义都没有意义。菲尼蒂认为，古典概率是建立在一个客观的对称的考虑基础上的，即如果这样就逼迫人们给所谓的对称事件等概率，并且对称的意义也只能这样理解：它使得你给这样的事件等概率，那么这样的事件是对称的。菲尼蒂也认为，逻辑的观点看上去更肤浅和不可靠，因为它并不考虑事件的实际特性，仅仅从描述事件的句子的结构，从语言的角度考虑。而对频率论者而言，事件是等可能和独立的，而“等可能”和“独立的”这些概念运用到单独的事件上，其实是不可能按照频率论者的解释来定义的。

特别地，菲尼蒂提到不能接受以所谓的“等可能事件”来定义概率。为什么呢？这大概就与他受到洛克、伯克利和休谟的哲学的影响，形成了怀疑的、主观主义的研究风格有关。他坚决拒斥客观决定论，认为概率论不应该被看作至今仍未发现“必定”存在的那些决定论机制的科学分支的辅助理论，而应作为构成一切归纳推理的逻辑前提。菲尼蒂说：“当然，我们不能接受决定论；我们不能接受‘存在’，在那个著名的所谓的黑暗和神秘的王国，什么都是不可变的，需要定律统治宇宙，并且我们不能接受它为真，仅仅因为按照我们的逻辑，它缺乏所有的意义……按照一个怪异的不能修改的精确的时钟机器，在那里，任何东西的发生都是注定的，因为它除了发生没有别的，并且，在那里，如果一个人知道时钟机器如何工作，所有的都将是可以预知的。”[2]86

在这样的哲学思想支配下，菲尼蒂肯定会拒绝拉普拉斯学派的决定论观点。因此，毫无疑问，他会接受相对论的观点（在前面我们已经看到，他很欣赏爱因斯坦的同时的相对性概念），会接受无理性的、主观的和心理主义的思想。这一点可以直接从他的论述中得到证实，正如他所言，“我们的观点在所有场合都是相同的：要表明，存在着一些相当深刻的心理学原因，这些原因使得不同个人的意见之间被观察到的那种精确的或近似的一致性成为非常自然的”[12]142，“因此，更应该直接分析概率概念与之有着直接关系的那种主观因素:我所遵循的正是这条路线”[12]140。

很明显,菲尼蒂想给概率一个非理性主义的定义,他所遵循的就是主观主义的路线。他说:“我的命题,虽然矛盾并且有点挑衅,但是名符其实,简单地表达就是:概率不存在。放弃对燃素、宇宙以太、绝对的空间和时间,……或者精灵和女巫的迷信的信念,这是引领科学思想的一个基本的步骤。如果被看作是一些客观存在赋予的,那么概率也是一个易于误导的误解,一个虚幻的客观化的尝试或者物化我们的真的概率信念。”[36]x

一句话,他的信条是“概率不存在”,概率不能被客观地决定,以此来表达他对概率的坚定态度。在他看来,概率的古典解释、逻辑解释、频率解释都是本质上无效的,唯一有效的应该是概率的主观主义解释。虽然,他也认为,如果把古典解释、逻辑解释和频率解释作为一个附加的策略,把它们包括在主观主义的概率理论中,它们将是有用的。他的可换性概念可以作为一个桥梁将旧的客观的频率论的方法和他的新的主观方法联系起来。不过,要注意的是,他并没有丝毫肯定客观概率的意思,只是要把它们化入主观解释之中。因为,在他的心中已经牢固地树立了主观概率的信念,他是坚定的主观主义一元论者,这支配着他只能承认一种概率的解释,那就是概率的主观主义解释。这一坚定的立场即使在遭到众多的批评,以及在和萨维奇沟通后(萨维奇认为菲尼蒂的主观概率是一种客观的主观概率,寻求的是两者之间的某种联系)都没有妥协。因此,不可否认,他和拉姆齐考虑问题的思路以及相应的知识背景有着重大的不同。

第四,对共同的问题采取了相同的解决方法。我们说菲尼蒂和拉姆齐同时发现并提出概率的主观主义的解释虽然有着偶然性,但是这种偶然性中蕴藏了必然。这个必然可能就是他们在思考概率问题的时候发现了过去的概率理论有着某些问题,这使得他们分别采取了自己的解决方法,巧合在于他们所采用的方法相同。事实也正是这样,我们知道,凯恩斯理论中运用了“中立原则”,这个原则的运用势必带来悖论。拉姆齐看出了这一点,他采取了抛弃中立原则的办法来解决,他说:“其次,中立原则现在可以被完全抛弃了,……能够把中立原则驱赶出形式逻辑是一个极大的优点,因为十分清楚,不可能为它的有效性定下纯粹的逻辑条件,就如同Keynes先生试图做的那样。”[12]68

这就是说，在传统逻辑贝叶斯理论中存在一些问题，虽然这个问题不少逻辑理论家都已经发现，但是，不同的人采取的解决方法不一样，有的采取的是拒绝贝叶斯理论。拉姆齐则没有拒绝贝叶斯理论，而是通过设计出一个新的贝叶斯理论的方法来解决这个贝叶斯和拉普拉斯的难题。那么菲尼蒂是否也面临类似的情形呢？我们知道他和波莱尔、利维等有着密切的联系。他们共同出席了在1928年的意大利的博洛尼亚召开的国际数学家大会，并且菲尼蒂经常引用他们的著作。我们知道，这些概率理论家大多是沿着拉普拉斯传统进行研究的。菲尼蒂在论文中还提到过伯特兰。实际的情况是：这些人的著作中都详细讨论了中立原则的悖论，包括最初影响菲尼蒂的克鲁伯也对非充分理由原则（即后来凯恩斯说的中立原则）的悖论问题进行了论述，并且克鲁伯也是遵循着拉普拉斯的传统，认为该原则是必须的。

这样一来，他在思考概率的时候，就不可避免地面临着和拉姆齐相同的问题，即如何解决传统贝叶斯学派由于中立原则带来悖论的困难。不过，虽然菲尼蒂没有接受他们的观点，但是也没有拒绝贝叶斯理论，而是和拉姆齐一样，发展了一种主观贝叶斯方法。因为他认为问题的关键在于传统理论中存在着神秘的“未知概率”，按照菲尼蒂的说法，这个神秘的“未知概率”是贝叶斯—拉普拉斯的模式基础。与拉姆齐相同的是，他也采取了主观主义的解决方法，试图通过抛弃这个原则来解决这个难题。这样，他和拉姆齐都没有拒绝贝叶斯理论，而是通过主观的方法，将这个神秘的客观概率转化为主观概率，通过容许不同的人有不同的先验概率来解决，从而推动了主观贝叶斯理论的发展，形成了新贝叶斯学派（Neo-Bayesian）。

3.2.2 两者概率观的不同之处辨析

第一，拉姆齐和菲尼蒂在对待客观概率的问题上有着明显的区别。拉姆齐的概率思想和其他一些绝对私人主义的观点不一样。在对待概率的问题上，他并不持有主观主义的一元论，他只是认为主观概率是概率的一种解释，而不否认频率论。因此在批评凯恩斯的理论时，他说：“我不想详细讨论这个问题，因为它导致琐碎无益的和任意的区分，而对这种区分的讨论可以是没完没了的。但是任何人如果试图根据Keynes先生的方法确定什么是在分子力学中(例如在Gibbs相空间中)可被当作有同等或然性的恰当的选择,他马上就会相信这是一个物理问题,而不是一个纯粹的逻辑问题。"[12]68-69也就是说,在拉姆齐那里,客观的概率并没有被否认,在这一点上他和凯恩斯观点相同。因此梅隆说,所有的客观主义者都应该从拉姆齐那里学习,学习拉姆齐的"仅仅测度概率是不够的;为了使我们的信念正确地对应于概率,我们必须也要能够测度我们的信念"[12]48。因为,拉姆齐已经给我们看到了他是怎么做的,所以我们应该进一步使用我们的信念测度作为客观概率的测度。梅隆认为利用拉姆齐的方法,能使得客观概率取得重大的进步。

与拉姆齐不同,菲尼蒂则坚持只有主观概率才是概率的唯一正确的解释,只有对概率进行主观的解释,才能使得概率的概念得到真正的澄清,不需要一个有客观性因素的频率论的解释。从这一点上,我们也可以看到菲尼蒂怀疑的、批判的精神是多么强烈,或者说他的主观主义是多么牢固。虽然他一再提到并欣赏庞加莱的观点,但是我们知道庞加莱和拉姆齐在对待概率问题上是一致的,既主观又客观,而菲尼蒂依然是接受庞加莱的概率的主观解释,不接纳其中的客观解释,并且他要坚决消除概率中的客观性。菲尼蒂主观主义彻底性表现的最明显之处在于他坚信自己的可换概念是一个纯主观的概念,虽然普遍认为他的这个概念中有客观因素,他的观点也因此被看作主观主义解答的极端。

第二,拉姆齐和菲尼蒂虽然都通过打赌来测定部分信念,但是实质上,他们的思想并不完全相同。最初,菲尼蒂是用金钱作为赌注的,而拉姆齐在1926年的论文中在提出打赌的同时就认为用金钱打赌会存在缺陷,他说,它的缺陷是不够普遍,并且必然是不精确的。它不精确一是由于钱的递减的边际效用,二是由于这个人可能特别热衷于或特别地不喜欢打赌,因为他喜欢或讨厌激动,或者因为任何其它的理由。例如以打赌为业,这里的困难类似于把共同起作用的两种不同的力区分开。此外,提议打赌可能会不可避免地改变他的看法,……如果用钱打赌,那么显然赌注就应尽可能小。但是这样一来对信念的测度又会受到不愿斤斤计较这个新因素的极大影响[12]53-57。于是拉姆齐在坚持主观概率的基础上,发展了一个效用理论,他说:"让我们把一个人最终想得到的东西称为利益('goods'),并且让我们首先假定它们是可以用数值来测度的和加性的。这就是说,如果和一小时的阅读比较起来,他更喜欢一小时的游泳,那么,他就会宁愿游泳两个小时,而不愿游泳一小时再阅读一小时。这个例子当然是荒谬的,但这可能仅仅是因为游泳和阅读不是最高的利益(ultimate goods),而且我们不能设想,由于疲乏等原因,第二个小时的游泳会和第一个小时的游泳完全相似,等等。"[12]54 于是"我们就能够通过向他提供各种选择而发现他是怎样看待所有可能世界进程的好坏的。按照这种方式,所有的可能世界都会被放进一个价值序列中"[12]57。

不过,情况还是发生了变化,菲尼蒂后来逐渐认识到赌钱的困难而改变到使用效用的方向上,并且在后来的论文中甚至抛弃了打赌的方法。对于打赌作为主观概率的基础,1964年,在他对1937年的论文添加的一个注释中,他提到了"这种表述和Ramsey的表述一样,可以更好地处理所期望的效用;……我知道赌钱的困难。我宁愿避开这一困难,只考虑足够小量的赌注,而不构造一个复杂的理论来对付它。我不记得我是否由于疏忽而没有提到这种只考虑小量的限制,或者由于某种别的原因。比如考虑到,在强制性选择这种人为的情况中,困难会被克服。这个定义的另一个缺陷——或使之起作用的那种方法的缺陷——是,与我们的那个人打赌的人们可能具有比他更好的信息……这将把我们带到游戏理论的情形"[12]85。在1981年,菲尼蒂已经不太满意打赌了,认为打赌不适合概率,他说:"严格地说,打赌不适合概率,而只适合游戏理论(Theory of Games),仅仅在这样一个附带条件下,这个理由能够被接受。"[37]55 之后,菲尼蒂采用的方法不再以打赌为根据,而是更偏向于决策理论。

3.3 菲尼蒂主观主义概率观评析

在概率理论发展的历史中,关于概率的看法基本可以分为两大类:一类把概率看作事件的一个客观的属性,或者按照哈金的说法为客观偶然性(chance);另一类则将概率视为人们主观的相信程度,或者说赌商。哈金将之称为概率的二重性。在统计运用中,它有一个是偶然事件作为基础,应该具有客观偶然的特性;在涉及个体对某个命题的相信度的时候,它有认识的意义。不同的概率论者对此的看法并不一致,有的拒绝在主观意义上使用概率概念,有的拒绝客观偶然性的存在,也有的对这两种意义上的概率都能接受。

菲尼蒂应该属于典型的主观主义概率论者,他在其著名的《预见:其逻辑规律与主观根源》一文中说到:“我很荣幸地在这里提出的观点可被看作是主观主义解答的极端。”[12]81很明显,他主张谈论客观概率没有任何意义,他所要做的就是想彻底否认概率是一种客观的存在。他的目标就是要将具有客观性的概率概念还原为主观的,从而构建起主观主义概率模型。

首先,他将概率看作个体主观意义上的赌商。其次,他指出对于这个赌商只受唯一的一贯性条件的制约。也正因为他对赌商的约束过于宽泛,遭受到不少批评。他认为:“概率在其通常涵义上不可能是一种数学理论的对象。……恰恰相反,概率演算的规则——它们被看作是保证一个给定的人在概率分配中具有一贯性的必要条件——可以得到发展和严密论证。事实上,它们仅仅准确地表达了概率逻辑规则,这些规则是被所有人在其生活的一切情形中以一种不自觉的方式,即使不是定量也是定性地运用的。”[12]95-96他认为只要赌商符合一贯性条件就是合理的。“正是这个一贯性条件构成了人们由以引出整个概率演算的唯一原则:因而这个演算看起来像一组规则,同一个人对于各种事件的概率的主观求值应该与这组规则相符合,如果其中没有根本的矛盾的话。”[12]86最后,和拉姆齐一样,他通过荷兰赌论证表明了概率论的逻辑规律能够在主观主义观点中被严格确立。这样一来,他建立起了自己的主观主义的概率公理系统。值得注意的是,他的系统和数学上一般公认的柯尔莫哥洛夫公理系统有不一致的地方。

菲尼蒂认为,柯尔莫哥洛夫公理系统中的可列可加性虽然被一般地接受,但是,这只是出于一种数学上的方便,并且在可列可加系统中,有些事件(命题)是不能依概率测定的,而在有限可加系统中,每一个事件都是可以依概率测定的。对于主观主义的概率理论而言,可列可加性应该改进为有限可加性,因为概率在其通常涵义上不可能是一种数学理论的对象,概率理论有着重要的内容,我们不应该随意地仅仅出于数学上完美的考虑而引入一些公理。相反,我们应该按照我们给定的概率意义来评判这些公理的合理性。根据主观主义的观点,概率被看作个体的赌商,概率演算规则是保证个体在概率分配中具有一贯性的必要条件。因此，要一个个体对一个无穷的事件进行打赌肯定是很困难的，他只能是对一个有穷数目的事件进行打赌，也就是说，按照我们给定的概率的主观上的意义来说，我们不可能认为可列可加是合理的，只能认为有限可加是合理的。

菲尼蒂给出了一些证据对此进行佐证。对于正整数而言，如果采用有限可加，那么可以通过设置概率的方式引进一个均衡的分布。但是，如果采用可列可加，那么对于无穷正整数集合而言，则不可能有一个概率的均衡分布，只能有一个非常紊乱的分布，由此可以看出，可列可加公理违背了直觉。虽然菲尼蒂的这一观点并没有得到一致的认可，但是，正如吉利斯所认为的那样，菲尼蒂在挑战教条的概率基础方面做出了重要的贡献，这个基础通常是既没有证明是正确的，又是未被怀疑过的[38]142-144。不过，需要说明的是，拉姆齐和萨维奇也都认为主观概率应该采用有限可加系统，并且萨维奇还进一步将这一系统进行扩展，并将其作为规范决策理论的基础。

菲尼蒂和有的主观概率论者不同(例如萨维奇和刘易斯)，他是坚决摒弃概率的任何客观意义，拒绝概率的频率意义，认为对概率概念只能采取主观意义上的解释。为了说服大家接受他的主观主义的观点，他势必要除掉人们进行概率求值过程中给概率带来的一些客观意义。就像人们在通常的求值过程中会遭遇到等概率情形和频率标准，这也是主观概率必须解决的两个难题。

关于等概率情形，菲尼蒂将之归因于对称性的考虑。他提出，虽然概率求值要依赖等概率的情形，但是，这并不意味着一定要承认存在一种客观的概率。如果我们明白概率论并不是对实际的行为进行描述，它的对象只应该是人们一致性的行为，概率演算的规则也只被看作保证个人在内心进行信念赋值时具有一致性的一个必要条件，那么当我们使其中的主观原因明确起来，而不是总想消除掉它们，也许这样可能会更加自然。因此可以将意见的一致看作心理学的事实，进行心理学上的解释，人们对等概率事件的认可毫无疑问是内心自发的出于对称性的考虑。这样，当人们试图说明只有从等概率情形入手进行概率求值才是唯一正确的时候，我们首先要让他澄清这个“正确”概念的真正内涵是什么，“因而他必须表明，所引用的对称性条件必然蕴涵人们必须接受概率相等的假说，假如他们不想‘错误’的话”[12]97。

很显然，对称性考虑是一个相当基本的主观判断，菲尼蒂据此认为这个事实不仅不能使概率具有客观性，相反可使它保持主观的性质。有一种反对观点认为，对称性考虑可以用来解释等概率情形，但是并不能因此完全消除客观性。理由主要是：对称性考虑的时候是对客观事物本身是否具有对称性进行判断，也就是说并不能完全脱离客观事物本身的特性。

菲尼蒂解决频率问题主要是借助自己设计出来的“可换性”概念进行的。他将相应于可换场合的概率分布的特征，描述为相应于独立和等概率场合的分布的某种线性组合。他认为，之所以自己用这个新奇的可换性概念经过如此费劲地断言，最终只是表现了一种人们所熟知的独立性情形的特征，是因为传统的用独立事件来定义概率，会使得概率事先就具有了形而上学的“未知的、客观常概率”的性质，而他则坚持这种“‘具有确定但未知的概率的独立事件’这个模糊不清的、不能令人满意的定义应该为‘可换事件’的定义所取代”[12]131。他说：“事实上，旧定义不可能去掉它的——比如说——‘形而上学’性质：人们将不得不假定，在与我们的判断相符合的那种概率分布之外，必定有另一个未知的、与某种实在的东西相应的概率分布，并且假定，关于未知分布的不同的假设——按照这些假设，各种试验不再是相关的，而是独立的——将构成我们可以考虑其概率的那些事件。从我们的观点看来，这些陈述完全没有意义，没有人为它们作过令人满意的辩护。”[12]130

菲尼蒂还通过事例的比较，对旧的定义不能令人满意的原因在于没有普遍适用性进行了阐述。当我们面对一个装未知的黑球和白球的罐子，“宣称罐中有和黑球一样多的白球表达了一个可以直接加以证实的客观事实，并且很好地定义了相对于一个给定客观事件的条件概率”[12]130-131。但是，当我们面对的是一枚不规则硬币，求它出现正面或者反面的概率时，我们“就没有权利把这样一个假定——这种不完全性对于‘未知概率’有或多或少显著的影响——看成是清楚的假设，因为这个‘未知概率’不能被定义，而且，一个人想要以这种方式引进的假设没有客观意义”[12]131。

菲尼蒂对频率问题的处理是，他认为没有必要承认一种现象的概率有一个确定值,我们只需要对过去的频率观察会影响人们的频率预测进行主观主义的说明和辩护即可。他利用“可换性”概念解释频率理论所能说明的现象,他认为“可换性”概念已经将客观的独立性还原为主观的可换性,所以不仅可以对频率问题进行合理的辩护,而且这个辩护彻底驱除了概率的客观性。不过,对于他的大多数批评也恰恰与他的这个“可换性”概念有关。主要有独立性与可换性的关系问题,未知概率的问题,可换性本身的问题,等等。

1972年,吉利斯认为菲尼蒂的“可换性”概念是他的主观概率理论所面临的一个基本问题。虽然菲尼蒂声称自己的“可换性”概念可以消除概率的客观性,但是吉利斯提出,从客观概率主义者的观点看,“可换性”本身是离不开客观性的。只有在独立性情形里,“可换性”概念才可以使用,但是,不仅不是所有的序列或者事件是相互独立的,而且有些事件的结果与之前的事件有着密切的联系。菲尼蒂的“可换性”概念并不具有普适性,对于不符合独立性条件的事件采用了“可换性”概念只能得到错误的结果。也就是说,并不像菲尼蒂实际上所声称的那样:“不难承认,只有主观主义解释才适用于实际预测的场合(运动结果、气象事实、政治事件等等),但它即使被作了这样的最广泛的解释通常也未被放在概率论的构架之内。另一方面,更困难的是同意这一点,即正是这种说明实际上为在某些传统领域内赋予概率概念的那种更科学、更深刻的价值提供了理论基础。”[12]142

吉利斯认为,菲尼蒂已经显示了可换事件是客观主义者的独立和等概率事件的主观等价物,因为菲尼蒂认为可换事件相当于我们通常看作具有未知常概率的独立事件。而吉利斯则认为只有当我们根据背景知识确信所考虑的事件是客观独立的时候,才能运用可换性,可换性实际是主观概率理论中的客观概率。

吉利斯还特别对菲尼蒂提到的马尔可夫“链”(马尔可夫“链”是数学中具有马尔可夫性质的随机过程,在事件的发展过程中,每次状态的转移与过去的状态无关,即在给定当前知识或信息的情况下,对将来的预测与过去无关)问题进行了分析,因为菲尼蒂提出可以引进不同形式的相关事件的主观等价物,虽然这可能会增加他的理论的复杂性和范围,但是也不会出现问题。菲尼蒂说:“通过对可换性情形的某种多少有些详尽的概括,以及与这个概括相联系的某种发展来研究次序在某些简单假设中的这种影响无疑是可能的,同时也是有趣的。”[12]135 在这里,菲尼蒂加了一个脚注,指出:“可以首先考虑这样一类事件的情况,像可换事件的类与等概率独立事件的类相联系一样,这些事件也可以被化归为像1,2,……,m,……这种次序的Markor‘链’。”[12]135 菲尼蒂认为对于这种马尔可夫可换事件,虽然“不可能完全地、先天地排除事件的次序的影响,……因此,会有许多不同程度的自由以及相当大的复杂性,然而在我们将证明限制于可换事件的情形之前,……存在的问题的提出方式及其概念不会发生什么变化”[12]134。

对此,吉利斯进行了分析。首先,他假定通过一些物理过程产生一个事件序列,我们认为它们是独立的,并且不同的可能结果有着常概率。其次,在检查一些结果之后,我们可以推断独立性假定是不充分的,转而推出我们正在处理一个马尔可夫“链”,这个马尔可夫“链”的假设实际上和进一步获得的结果一致。因此,这样的情形不能在菲尼蒂系统里处理。与最初的独立性假定相对应,菲尼蒂将做出一个可换性假定。但是,正如菲尼蒂所说,这个先验的假定一旦做出将不再废除。一旦我们已经做了可换性假定,按照证据我们将不能改变为马尔可夫可换性。最后,如果我们容许中途改变为马尔可夫可换性,那么所有的通过贝叶斯定理条件制约(Bayesian conditionalisation)进行的概率改变将变成虚假的,整个菲尼蒂论证的基础将被推翻。

因此,吉利斯认为菲尼蒂的论证在解释客观概率方面并不成功[38]152。吉利斯得出的结论是:“我们完全不能将客观独立性概念变为可换性概念,可换性概念实际上是寄生在客观独立性概念之上的并且是相当多余的。为了使用可换性而不导致错误和令人误解的结果,我们首先要确信情形客观上是独立的。我们只能通过猜测某个情形是一个独立性情形并且严格地检验这个假定才能获得这样的确信。如果我们的猜测通过了检验,那么我们使用可换性的计算不会导致错误,但是并不需要这么去做,因为我们可以采用通常的方法来处理这些问题,即使用独立性和客观概率。”[2]77

对菲尼蒂的可换性批评比较多的还有未知概率的问题。按照菲尼蒂的理论,可换事件的概率的计算要涉及一个未知的常概率,他的处理方式是提出若干的假设,对这些假设给出先验的置信度。按照客观概率论者的说法,概率是事件的一个客观性质,虽然我们经常不知道这些常概率是什么,但是,可以根据个体的观测来进行推断。不过,这对于一个主观主义者来说,在得到这个概率之前将陷入窘境。因为在菲尼蒂那里,概率被看作赌商,而谈论一个未知赌商显然是荒谬的,所以未知概率对于像他这样的主观概率论者应该是没有意义的,未知概率不可能是赌商。哈金对这个未知概率曾表示了异议,他认为虽然我们不能真正地知道偶然性,我们也一定能接近它,即使不能完全可知,一个客观的真实性还是存在的。豪林对此也是明确地加以反对,声称菲尼蒂的理论是错误的。

当然,也有不少人对此给予了肯定。辛提卡就认为这很好地处理了主观概率与客观概率之间的关系。他认为,对一个主观概率论者而言,要么放弃谈论未知概率,要么解释清楚自己的假定。但是如果完全放弃未知概率,那么独立性概念将变得没有用。考虑到独立性概念的重要性,主观主义者需要去做的只能是对未知概率进行辩护,菲尼蒂的特征定理和可换性概念就是用来完成这样的一个辩护[39]326-327。

在研究了菲尼蒂的理论之后,辛提卡认为,如果说菲尼蒂所做的一切是如何将客观概率变成主观概率,那么这是误解了菲尼蒂。实际上,菲尼蒂所做的不仅使得一个主观主义者能够很好地处理那些用客观概率进行解释的概率陈述,如何使主观概率适合客观概率(相对频率),而且已经显示了一个主观主义者可以使自己的主观赌商向着不同种类事件的相对频率汇聚。因此,菲尼蒂的结果使得一个人可以将主观概率和客观概率结合起来。一方面,使得我们能够把主观概率想象成大约接近客观相对频率;另一方面,显示了一个频率论者如何利用主观概率概念对客观概率陈述进行打赌。当然,一个客观概率论者不能直接使用未知概率对一个事件进行打赌,他的赌商在开始时是有点任意的(或者至少是主观的)。但是,重要的是,用这种方法,人们将承认经验能改变一个人的赌商。而关于这一点,菲尼蒂和客观主义都是同意的。因此,重要的是,菲尼蒂由此得到了一个事实:即一个人如何理性地从经验中得到学习。如果单独用一种概率来看,这将是一个问题[39]336-337。

其实,如果持有上述观点,那实际上是真正误解了菲尼蒂。从菲尼蒂的言行中可以看出,他根本就是一个彻底的主观主义者,他一再否认事件有一个物理的概率属性，并且认为拥有这个属性的世界将是一个神秘的、虚假的世界，概率推理只能理解为主观的，不能赋予事物客观概率，概率只能是起源于我们对事物的不确定的认识。菲尼蒂一直在坚持的，恰恰是如何将概率中的客观性彻底消除，他从来不承认任何客观意义上的概率，他的唯一的本意就是要将客观概率还原为主观意义上的概率。对菲尼蒂这一纯粹主观主义的概率观，哈金还明确表示过自己的看法与菲尼蒂相反，他认为："硬币和投掷装置有一定的物理属性，并且这些属性来自其他。例如，物质的对称和重力，等等。或许，如果我相信掷（硬币）是独立的，我的比率（即菲尼蒂的赌商）将是可换的，但是，决不会从我的打赌比率的可换性得出世界有那些导致独立的试验的特征。"[8]212也正是在这一点上，哈金认为菲尼蒂和萨维奇是不同的，以至他更喜欢萨维奇。因为从萨维奇的表达来看，好像他是认可了客观长序列的频率。从后面的论述中，我们确实可以看到，萨维奇与菲尼蒂有着不同。萨维奇是从频率论转变到主观主义的私人概率的，关心的主要是主观决策理论，他是从个体的偏好次序得出主观概率，而菲尼蒂则是使用荷兰赌，从一致条件得出主观概率。

对菲尼蒂的主观概率理论提出批评最多的，大多根源于他声称的纯粹意义上的主观概率和新奇的可换性概念。不少学者都认为，从一种实践的客观的观点去理解，菲尼蒂的概率其实是一种客观的主观概率（这个术语出自杰斐里）。例如，哈梅克就认为，虽然菲尼蒂的主观概率构成了贝叶斯思想的一个重要的基础，但是他的基本规则能够从一个客观的观点来解释，有着常概率的独立事件作为一个特别的例子，在菲尼蒂的模型中是适合的。并且从一个一般应用的观点看，有着常概率的独立事件序列和可换事件序列是不能分辨的[40]。

对于哈梅克试图用"客观的概率和可换性"来取代他的"主观的概率和可换性"，菲尼蒂在1979年的一篇文章中坚决予以拒绝和反驳，认为像哈梅克这样的观点是没有真正懂得他的概率的性质和可换性概念。在文章中他再次对此进行了解释性的重申，指出："概率（包含条件概率的所有性质）和期望（或者说'预见'似乎更恰当）的所有特性应该直接和无疑地从它们明显的'一致性'规则得出，对这个规则仅仅要小心防备可能的矛盾，这可能导致必然的亏损（在打赌中面对仔细考虑过的对手）。"[41]132针对客观主义者对他的可换性概念的一再误解，他特别举了一个例子来说明主观主义和客观主义的不同。例如，有一个装有未知比例的黑球和白球的罐，让我们从里面向外掏球，每掏出一个后就换进去一个。他认为，如果粗略地说，可以认为这里没有什么不同，都是在做大概相同的试验，从一个罐里掏球，并且按照观察到的样本来估计这个罐中的未知比率。但是，如果精确地、按照逻辑的程序来看，客观主义和主观主义实际上有着不同。对客观主义者来说，有时他们是按照一些经验原则来“决定”接受一个“假设”。对主观主义者而言，他们则是一步步地，从解释他们的最初意见的一个“先验的分布”开始，并且严密地考虑所有给定的掏球信息。停止于后验分布达到一个充分定形的时候[41]133。他声称主观主义的这种概率观会让客观主义者感到这是一个困惑的谜，这是很自然的。

菲尼蒂认为自己主观主义的概率观已经成功地、自相融贯地解决了通常的所有问题。有的人一方面相信主观主义概率论本身确实是一个完整的、严密的、相互融贯的观点，是绝对可以接受的，另一方面，他们又对主观概率理论加以拒绝。之所以如此，是因为他们受到一种哲学观念的支配，这就是科学概念应该有一种实在的意义，科学应该仅仅研究实在。豪森就持有此种哲学观点，他提出科学需要一个客观概率的理论，而菲尼蒂则认为无论一个预测的根据在我们看来多么可靠，我们永远也不能绝对地确信，经验将不会反驳它。

综观各方面的观点，不难看出争论的根本焦点不外乎概率的主客观问题。其实对概率本身进行主客观之分的时候，我们应该区分开概率的计算系统和人们对事物发生可能性的认识。计算事物发生可能性的大小，即计算概率的大小，要用到概率的计算系统，这种概率的计算系统毫无疑问适合所有的人，是客观的。但是，谈论到人类对事件发生可能性的认识，这肯定要取决于各个认识主体的知识背景。有着不同知识背景的个体对相同事件发生可能性的认识不同，这毫无疑问是与他个人的知识内容有关。至于为什么不同的个体对相同事件发生的可能性的认识会逐渐趋向一致，是由于个体从经验中得到了学习，使得自己的知识背景发生了变化。从这个角度来看，任何概率都是私人的，都有主观性，菲尼蒂所坚持的主观主义的概率观有着自身的合理性。

频率理论把概率看成长序列的相对频率的极限。根据频率理论能够得到重复投掷一枚均匀的硬币,出现正面向上的概率为0.5。这其实是由于经过个体长期的经验总结,通过对长序列的认识之后,发现可以用相对频率的极限来计算它的概率。如果给你一枚硬币,是否均匀你并不知道,你也没有同类硬币经过重复实验得到的数据,那么你就不能给出它出现正面向上的概率为0.5。你所能做的,只能是根据自己的背景知识进行判断。也正是由于频率理论坚决要抛弃自身的主体认知成分,使得它不能解释单个事件的概率,暴露了理论的缺陷。

波普尔的倾向性理论之所以把概率看成实验装置、产生条件或者给定物理情境的一个内在的属性,是因为可以对单个事件进行解释。实际上,关键并不在于概率有客观性,而在于概率有主观性。因为要把握这个内在的属性(概率),就要对这些实验装置或者说产生条件和整个物理情景进行认识。也就是说,概率的把握取决于个体的背景知识,取决于个体对这些物理情境的知识。因此,倾向性理论也是预设了对概率的把握要依据主体的知识内容。

概率的逻辑解释声称,证据和命题之间有某种确定度关系,即概率关系,也就是说,概率关系只是一种逻辑关系,是一种逻辑上的推理。并且,凯恩斯还指出,人们可以知觉出这种客观的确认度关系。但是,如果像拉姆齐那样有着深厚的数学和逻辑知识的人都知觉不到这种关系,那么一般的人更是对此不可知觉。因此,所能知觉到的前提跟结论的确认度关系只能取决于某一个个体,每一个有着不同背景知识的人,在给出相同前提的条件下,会得到对结论不同的支持程度。因此,确认度关系也应该和个体有关,不应该只是和无实体的、非个体的知识有关。

在这里,还有一个需要注意的地方,之所以有时看上去概率是客观的。例如,在频率理论中,依据一定的模式,不同的个体都可以给出大小相等的概率,似乎概率是客观的,适合所有的人。是因为此时我们看到的是概率的计算,但是,概率本身有着个体的认知成分,并且就是用来计算概率的数学系统,也体现了个体的知识。从这个角度来理解,菲尼蒂所强调的超出个体则无概率有着一定的合理性,正如他所强调的:我的命题,虽然矛盾并且有点挑衅,但是名符其实,简单地表达就是:概率不存在。

4 主观主义概率观合理性探讨

对荷兰赌的传统理解是,如果一方的部分信念(置信度)不符合概率公理,那么肯定会造成自己或者对手在金钱上的损失。在赛马比赛中,一个聪明的人以1:2的赌注赌某匹马赢,同时又以1:2的赌注赌该马输。这样一来,如果这匹马最终取得了第一,那么他在输掉一份赌注的同时赢得了两份赌注。同样地,如果这匹马最终没有获得胜利,那么他也在输掉一份赌注的同时赢得了两份赌注。就是说,不管结局如何,他都肯定赢得一份赌注,而他的对手则必定输掉一份赌注,即遭遇一个荷兰赌。究其原因,主观主义解释是此人部分信念不符合概率公理,他是以1/3的部分信念赌该马获得胜利,同时以1/3赌该马失败,这样一来,$P(A)+P(\neg A)=2/3<1$。也就是说此人的部分信念集合违背了概率公理,不具有一致性,是不合理的。

主观概率论的阐发者拉姆齐和菲尼蒂将个体的部分信念定义为公平赌商,然后通过公平赌商必须满足概率演算公理,将部分信念与主观概率联系起来,他们给出的理由是荷兰赌论证。对于任何一个理性的个体而言,如果他不想遭遇一个荷兰赌,他的赌商必须符合一致性条件。可以看到,从理性人的角度(合理性)考虑,个体的部分信念体系(置信度体系)应该满足概率演算公理,并且满足了概率演算公理的部分信念体系必定是一贯的,这也就是主观主义概率观所主张的静态合理性原则,部分信念因此被定义为主观概率。对主观概率理论的主要争论一般发生在以下几个方面:部分信念是否可以定义为赌商;一致性条件是否过于宽泛;动态荷兰赌与条件概率的关系;主观概率论者的荷兰赌定理的真正意图是什么;怎么看待实际发生的赌与“公平赌”的关系。

主观主义概率观有一定的合理性,针对拉姆齐和菲尼蒂的一致性条件和荷兰赌的一些批评并不恰当。一致性条件的要点在于区分哪些部分信念集合是不合理的,而不是要确定对某个事件有多大的部分信念度是合理的。荷兰赌定理的要点在于,指出部分信念的合理性是与概率律一致,而不是要确定此时存在一个真实的打赌。相反,通过对实际中打赌发生条件的分析,可得出,之所以个体的部分信念集合满足概率公理,打赌实际仍然会出现,是因为不同的个体由于背景知识的不同会造成对同一个事件的概率不同,打赌的发生体现了双方意见的分歧。

4.1 部分信念与公平赌商

拉姆齐和菲尼蒂提出部分信念可以用公平赌商来测定,很多学者对这个观点争论很大。谢克认为拉姆齐和菲尼蒂的荷兰赌证据看上去似乎是出类拔萃的,但实际上是失败的,因为他们想当然地使用了一个没有说出来的假定:价值可加。他通过一个赌博的事例进行了说明:h和k为相互排斥的命题,假定我给予h的概率为$P(h)$,给予k的概率为$P(k)$,给予$h \vee k$的概率为$P(h \vee k)$。这就意味着对于小赌注S来说,我愿意分别下赌金$P(h)S$、$P(k)S$和$-P(h \vee k)S$(赌注为$-S$)对h、k和$h \vee k$进行三个单独的赌,如果打赌的命题为真,则得到S,否则什么也得不到。

现在考虑我把这些赌结合起来的情形,这里不外乎有三个可能:要么h为真,要么k为真,要么h和k都假。如果h为真,我将赢得第一个赌,得到S,并且赢得第三个赌,得到$-S$。如果k为真,我将赢得第二个赌,得到S,并且赢得第三个赌,得到$-S$。在这两种情形下,我的整个获利为0。如果h和k都为假,我没有赢得任何一个赌,获利也为0。因此,不管发生什么事情,对我来说,这三个赌的收益均为0。

对这三个赌,我将愿意支付的总的赌金价值为$(P(h)+P(k)-P(h \vee k))S$。如果$P(h \vee k) < P(h) + P(k)$,那么我愿意支付的价值总和大于0;如果以$-S$取代$S$,那么当$P(h \vee k) > P(h) + P(k)$时,所得到的结果和上面相同。这就是说,除非不等式$P(h \vee k) = P(h) + P(k)$成立,否则在所有的精明的对手面前,我将扮演着一个傻子的角色。这样一来,我们因此得到了概率理论的加法原则。很显然,在这里,主观主义的荷兰赌论证使用了一个没有说出来的价值可加的假定:如果一个人愿意用一定的金钱单独进行三个赌,那么这个人也将愿意用这三个赌的金钱总和 $(P(h)+P(k)-P(h \vee k))S$ 同时进行这三个赌。

因此，谢克认为，主观概率理论实际是预设了一个理性行为人进行打赌的价值是独立的，如果他愿意进行一些单独的打赌，那么他也同样会同意把这些赌合并起来，同时打赌。而这个预设，或者说，未说出的假定并不总是真的，这只能是主观主义者的想当然，通常情形下是虚假的，至少对他而言不是真的。谢克坚持，我们决不能假定一个人的概率违背原则（可加性），因此我们不能说明他的价值应该不是独立的。逆命题即为：因为我们不能假定行为人的价值是独立的，因此，我们不能说明他的概率必须遵守原则，主观概率论者通过把部分信念定义为赌商来得到主观概率的做法是失败的[42]。

海利希则提出理性的赌商根本不是概率，他说："因此，想依靠赌商满足概率计算公理来测定单个事件的主观概率是幻想。"[43]除此之外，还有很多类似的、对主观概率论者通过打赌的方法来得到主观概率的做法给予了批评。例如，赖德认为这是主观主义者准备对一个全称前提（A universal hypothesis）的真值进行打赌。实际上，我们不可能证实这样一个前提是真的，相反，我们经常可以看到这样一个前提是假的，因此这只能反映出打赌方法的纯假设的性质。而且正是荷兰赌论证使得主观概率变得无效，因为它要求我们接受对一个可能完全不可预知的事件进行打赌，没有理性人会愿意打这样的赌。因此，不管主观概率是什么，它们不可能打赌概率[44]。还有学者认为，有时候人们是被迫进行打赌，根本不可能测定出他潜在的部分信念。此外，有的学者还从根本上否认部分信念的存在。

辩护的观点则认为，确实行为人的信念度并非一定要遵守概率公理，行为人对每一个命题的信念度函数而言，并非一定要有一个概率函数和它相对应。但是，荷兰赌论证只是用来假定观念上理性的信念度必须符合概率计算。概率的一致性因此被假定约束理性的信念度，就像演绎的连贯性已经被用来约束理性的要么全有要么全无的信念。这就是说，荷兰赌并不是指一个真实的打赌。它的要点不是针对一个实际的问题，也并不是指一定存在一个精明的打赌者，他知道了别人的信念度，然后去迫使他和自己打赌，使得他总是输钱，即使这种情形实际上可能存在。从认知意义的角度看,如果一个人的信念度集合不满足概率律,他的信念是有缺陷的,或者说,行为人的认知系统的结构有缺点[45]451-452。因此,荷兰赌论证是在于指出一种不一致性的问题。它只是要告诉我们,要做到部分信念的一致性就是要与概率律一致,而概率律也就是关于信念的形式逻辑,因此信念集合的一致性也就是关于演绎的一致性,用拉姆齐的话就是:“对部分信念的精确说明揭示了概率律就是一致性律,是扩展到部分信念的形式逻辑,即一致性逻辑。它们的意义并不依赖于任何相信度被唯一地确定为对某一命题是合理的,它们仅仅区分开这些遵从它们的一致的信念集合。”[12]62-63

其实,上述批评的观点并不恰当,拉姆齐和菲尼蒂不仅在提出打赌方法的时候就已经指出用金钱打赌会存在各种缺陷,进行了一定的辩护,而且他们寻求了新的解决问题的方法。拉姆齐在假定“利益”可以相加后,又指出:如果和1小时阅读比较起来,他更喜欢1小时的游泳,那么,他就会宁愿游泳2个小时,而不愿意游泳1小时再阅读1小时,这肯定是荒谬的,因为读书和游泳可能不是他最终想得到的利益。拉姆齐实际已经指明:虽然一个人愿意单独对不同的事件打赌,但是,他不一定愿意将这些事件合并起来打赌。在这里,拉姆齐并不是想简单地假定有一定的信念度就相应产生一定的打赌偏好,他的真正的意思是人们的思维活动应该遵守一定的选择间的优选律。就是说,实际上,他是探索一种用偏好来定义信念度的方法,可以通过他的选择将所有的可能世界都放进一个价值序列中,并以此来发展一种效用理论。这样一来,如果用偏好定义信念度的话,那么人们的信念度在概率上不一致的情形就可以看作一个不一致的偏好。他说:“违背它们(作者注:概率律)的任何确定的相信度集合都将是在下面这个意义上不一致的,即违背了关于在选择间的优选律(The Laws of Preference between Options)。例如这个定律:偏爱性是一种传递的不对称关系;……如果任何人的思维活动违背了这些定律,……这可能会使得一个狡猾的打赌者专门找他打赌,并且在任何情况下他都总是会输。”[12]62

菲尼蒂也看到了打赌方法存在缺陷,有着不完善的地方,但是考虑到打赌的方法是发展主观概率理论而采用的一种理想主义的构想,我们也只能先满足这种理想化。后来,菲尼蒂越来越不满意将打赌作为主观概率的基础,认为这将把我们带到游戏理论(game theory)的情形。1981年,他在文章中指出，严格地说打赌这种方法并不适合概率，同时声称自己在概率预测的试验中已经发明并且应用了“恰当的得分准则(Proper Scoring Rules)”[37]55。之后，菲尼蒂不再将打赌作为主观概率的基础，他所采用的方法开始以决策理论为基础。并且，后面我们将看到，萨维奇也并没有采用打赌的方法来定义主观概率，而是在定义了偏好关系之后，纯粹由个体的直觉偏好关系推导出概率测度。

4.2 部分信念集合的合理性与一致性条件

拉姆齐和菲尼蒂都主张，对于给定的不相容对象(事件、命题或者假说)的完全类(即数量有限)，我们赋予其中每一个对象的概率可以是任意值，只要这些概率值满足了不为负，并且所有概率的总和为1的条件，这些概率分配就是容许的、合理的。这个一致性条件是他们所主张的部分信念集合合理性的唯一约束条件。每个人都可以在这个唯一条件下自由地做出自己的判断，选择他愿意采纳的观点，理论并不能先验地对此加以拒斥。如果不同的信念集合都满足这个条件，那么以主观概率理论来衡量，它们都是容许的、合理的。

这样一来，如果一个人对“明天太阳不会升起”的信念度为0.01，对“明天太阳会升起”的信念度为0.99，另外一个人对“明天太阳不会升起”的信念度为0.99，对“明天太阳会升起”的信念度为0.01，那么按照主观主义的概率理论，他们的信念都是合理的，因为这两个人对“明天太阳是否会升起”的信念集合都满足了这个唯一的一致性要求。针对这一看似宽泛的约束条件，一些经验概率论者对主观概率理论提出了批评，认为对概率分配只有这唯一的要求会导致种种与我们的常识相违背的荒谬结论。萨尔蒙就提出，“如果一贯性要求是确定一组信念为合理的全部必要条件，那么，持有那些按照任何通常标准看来极为不合理的信念也是合理的。你可以持有任何你提到的信念，只要该信念关于未观察事件是逻辑一致的。你不能被证明为不合理的，只要你愿意在你的信念系统的其他地方作出适当的调整。你可以以0.99的程度相信‘太阳明天不会升起’；你可以同样地确信‘母鸡将生出台球’；你可以非常肯定地坚持，一个已在一亿次试验中有四分之三的次数呈现为正面的硬币，其重心是偏向反面朝上的，这类被看作合理的明显谬论是不胜枚举的。虽然并非该理论要求接受这样的谬论，但是该理论的确容忍它们"[46]。

其实，这种批评并不见得完全恰当。实际上，拉姆齐已经指出：一方面，这不是要确定对某个命题多大的信念度是合理的，只是为了区分开那些信念集合是不合理的。对于信念集合 $\{P(h)=0.9, P(\neg h)=0.1\}$，以及 $\{P(h)=0.8, P(\neg h)=0.1\}$，我们可以认为前面的信念集合是合理的，后面的信念集合是不合理的，而具体到 $P(h)$ 到底等于什么定值是合理的，这并不是概率律是一致性律的本意。

另一方面，在谈到数量有限与归纳法的时候，拉姆齐已经指出："我们不必费心去考虑过去的经验给予了太阳永远都会在每天早晨升起以多大的概率就可以讨论过去的经验是否给予了太阳将会在明天升起以很高的概率。……在归纳的基础上具有的特定期望无疑地在我们每一个人的头脑中都有一个很高的数值的概率。我们所有的人对明天太阳将会升起的确信程度都要比对我将不会用两个骰子在第一次就掷出双六来的确信程度更大一些，即我们对于太阳将在明天升起具有高于35/36的相信度。"[12]64 这就是说，在过去经验的基础上，我们不可能以0.99的相信度认为太阳明天不会升起。在这里，拉姆齐另有一层含义，就是信念集合的不一致性应该是偏爱关系上的不一致性。

另外，按照主观主义的概率观，不同的人对某一命题（事件）可以给予不同的概率，这似乎显得人们的信念是随意的，没有规范性，但实际情况也不是如此，因为主观主义概率观并不容许部分信念的一切分布，信念的合理性有着规范性。对于事件 A 的部分信念度为0.3，同时对 $\neg A$ 的部分信念度为0.4就是不容许的，这样的部分信念不满足一致性条件，一致性条件可以起到规范信念合理性的作用。并且，人们一开始对某一事件的部分信念确实有较大的随意性，但是随着人们经验的增加，随意性会越来越小，因为贝叶斯定理可以用来修正人们验后的部分信念，起到进一步规范信念合理性的作用。

菲尼蒂也同样认为，一贯性并非就是限定了只能有一个合理的相信度，而是具有一贯性的不同的置信度集合都是合理的，"形形色色的正常个人的主观判断不仅不是本质上彼此不同,而且甚至恰恰是一致的"[12]82。但是在菲尼蒂那里,个人的置信度是变化的,有着从一开始的先验概率的任意性到后验概率一致性的过程。在开始阶段,有着不同知识背景的个人对同一对象给予不同的置信度应该是合理的。一个有着丰富天文知识的人,他给予哈雷慧星76年回归的置信度肯定要高于天文知识匮乏的人的置信度。对一个刚见到母鸡生蛋的小孩而言,他可能确实认为母鸡会生出台球。对于"水能变成油"这个假说,有着不同背景知识的人的置信度肯定也不同,等等。我们并不能相互任意地认为对方的置信体系是不合理的,因为不同的人背景知识不同,不能以一定的背景知识作为评价不同的人信念是否合理的标准。在这里,菲尼蒂的意思是,对不同背景知识的人,我们要找到一个评价置信体系是否合理的标准,将合理的置信体系和不合理的置信体系区分开来,这只能使用并且能够使用一贯性要求来衡量。即如果一个人的置信度集合不满足这个一贯性要求,那么只要他和一个精明的对手打赌(在这里并不涉及实际问题,并非一定要进行一个真实的赌),肯定会使得自己总是必输,这无疑暗示了该个体的置信度集合肯定是不合理的。慢慢地,随着经验的增加,不同的个人从经验中得到学习,他们会改变自己对同一对象的置信度,最终,不同的个体的置信度会趋向一致。

可以看出,菲尼蒂更加强调这个动态的意见收敛过程,强调后验概率的改变。例如,按照菲尼蒂的理论,假定对一枚硬币有三个假说:有2/3可能重心是偏向反面朝上;有2/9可能重心是偏向反面朝上;有1/9可能重心是偏向反面朝上。如果一个人对它们的先验概率(置信度)分别为1/2、1/4和1/4,那么这个人在经过一亿次试验中硬币有四分之三的次数呈现为正面,他对"有2/3可能重心是偏向反面朝上"的后验概率是逐渐减小的(即肯定越来越小于1/2),而对"有1/9可能重心是偏向反面朝上"的后验概率是逐渐增加的。就是说,他至少是越来越不相信重心是偏向反面朝上,而不会继续有着原来的1/2的置信度去相信这枚硬币重心是偏向反面朝上。

4.3 条件概率与动态荷兰赌

因为只受一致性要求的约束,所以对同一对象的合理的部分信念的集合是无数的，这不仅使得概率分配具有相当的主观任意性，而且会产生与常识相悖的“合理的”信念度。对此，拉姆齐认为我们没有必要通过引进归纳法而与信念合理性相互联系，因为我们所要考虑的只是如何保证我们的信念不自相矛盾才定下一致性的标准，这是扩展到部分信念的形式逻辑，是演绎逻辑。我们不应该把归纳论证看作只是在程度上要弱一些的演绎论证。相反，如果一个人不作归纳推理，“我认为这不意味着这个人会在任何方面违背形式逻辑或形式概率；而是意味着他没有获得一个非常有用的习惯。没有这个习惯，他就会在更不太可能有真信念这个意义上处于更加糟糕的境况中”[12]76。拉姆齐认为大多关于归纳法的哲学思想都始终试图以某种方式把它化归为形式逻辑，而他则坚持归纳法是不可能化归为形式逻辑的。从这里，正如一些批评所指的那样，确实可以看出拉姆齐接受了休谟的心理主义认识论，因为拉姆齐认为：“在人类大脑的各种习惯中，归纳占有一个特别重要的位置。自从Hume以来，关于为归纳推理辩护的著述已经累积如山了。Hume表明它不能被化归为演绎推理或者通过形式逻辑得到辩护。就此而言，他的论证在我看来是不容置疑的。”[12]75

虽然菲尼蒂和拉姆齐对信念度合理性的分析都是通过打赌行为进行的，正如他们自己所承认的是用实用主义（不是实证主义）的思维方法得出了一致性条件，但是，菲尼蒂与拉姆齐确实有着不同。拉姆齐重点在于强调某一时刻的某个信念集合合理的条件，此时集合内不同的信念度具有同时性，一般称作静态合理性条件。而菲尼蒂虽然也主张，在一贯性条件下，不同的人对先验概率可以自由地分配，但是他重点强调了随着经验的增加，个体的置信体系会发生变化，会通过贝叶斯定理进行修正得到验后的置信度，并且随着经验的增加，那种验前的概率过于自由的特性会减小。菲尼蒂及其之后的主观主义者据此认为，如果接受了主观主义的观点，归纳问题就因此得到一个解答。这就涉及满足贝叶斯定理是否就是置信度体系进行变化的合理性条件，由于这个条件联系了验前的到验后的置信度变化，一般称之为置信体系合理性的动态一贯性条件或者历时一贯性条件。

在这里，哈金于1967年看出了很重要的一个问题[47]：在通常的主观主义概率观的著作中并没有区分给定事实之后的概率（Probability given facts，即验后概率）和条件概率的不同，给定事实之后的概率这个术语是他从客观主义概率论者威廉的论文中复制过来的。他指出，条件概率和验后概率的区别是很明确的，条件概率 $P_{robf}(h/e)$ 通常被定义为：$P_{robf}(h/e) = P_{robf}(he) / P_{robf}(e)$（$f$为个人的背景知识）。表示条件概率是在经验证据$e$还没有出现之前，仅仅有背景知识时，个人以多大程度确信假说h，实际上为验前概率；而验后概率与条件概率不同，它是在经验证据e出现之后个人对假说h的置信度，应该为 $P_{robf(e)}(h)$。

这样一来，在条件概率和验后概率之间其实就存在了一个主观主义者绝对的假设，$P_{robf(e)}(h) = P_{robf}(h/e)$ 即条件概率=验后概率，称之为动态假设（The dynamic assumption）。哈金认为这个动态假设对于主观概率论者而言，并不是同义反复。他的意思是：开始，假定我仅仅有背景知识f，我断定，假如我又确信有经验证据e，那么我对假说h的相信度为P，在行为表现上，这个断定通过一个条件赌显示出来。现在，我发现经验证据e是事实（即e真的出现了），动态假设表明了现在我对假说h的相信度是P，在行为上的表现是愿意打一个无条件的赌。

最早认为可以用一种历时的荷兰赌方式来证明这个动态假设的是刘易斯（他称之为更新规则 The updating rule），泰勒于1973年对此进一步进行了阐述。与同一时刻的荷兰赌定理相对应，这种历时荷兰赌一般称之为动态荷兰赌定理。动态荷兰赌的关键在于要在两个不同时刻打赌，即证据没有出现之前，时刻t=0时的赌和证据出现之后，时刻t=1时的赌。动态荷兰赌定理表明，在t=0时刻，如果用来决定证据出现后如何更新自己信念度的规则不是动态假设或者说条件化规则（The rule of conditionalisation），那么一定存在一个以公平的条件赌商和你的更新规则为基础的赌博策略，用它在t=0和t=1两个时刻进行打赌，将导致你面临一个不可避免的损失。简而言之，就是一个人的信念度违背了动态假设，他将遭遇大弃赌。

对这个动态荷兰赌定理简要阐明如下。在B出现之前，你决定如果B是真的，将按照某种更新规则改变自己的公平赌商为 $P'(A)$，但是 $P'(A) \neq P(A|B)$。假定 $P = P(A|B)$，$Q = P(B)$，下面进行三个赌。

①对$A|B$进行一个条件赌，公平赌商为条件赌商 P，总的赌注为1。当

$A|B$为真时，得到$1-P$；$A|B$为假时，失去P。

②对B打赌，公平赌商为Q，总的赌注为$P-P'(A)$。当B为真时，得到$P-P'(A)-Q(P-P'(A))$；B为假时，失去$Q(P-P'(A))$。

③假定你得知B为真时，对A进行打赌，公平赌商为更新后的$P'(A)$，总的赌注为-1。当A为真时，得到$-1+P'(A)$；A为假时，失去$-P'(A)$。

可以看出，不论A和B取什么真值，当$P'(A)<P$，即$P'(A)<P(A|B)$时，你都总要失去$Q(P-P'(A))$；当$P'(A)>P$，即$P'(A)>P(A|B)$时，将上述所有的三个赌颠倒（可以理解为赌注取值的正负颠倒，或者对手的互换），可以得到相同的结果。因此，如果$P'(A)\neq P(A|B)$，那么将有一个以公平的条件赌商和你的更新规则为基础的赌博策略，它能使你遭受确定的损失。这就是说，如果更新自己信念度的规则不满足动态假设（条件化原则），将遭受大弃赌。

动态大弃赌定理的成立似乎说明了动态假设是置信体系（信念集合）合理性的一个要求，但是克里斯坦森否认了动态大弃赌定理可以作为合理性原则的一个依据[48]。他主张大弃赌的意义在于认识论上，并且动态大弃赌和静态大弃赌有着明显的不同。静态大弃赌是针对一个人同一时刻的置信体系而言的，在同一时刻这个人的置信体系是不一致的肯定是不合理的。在这里，按照克里斯坦森的意思，假如我同时相信“美国共和党在下界总统的竞选中会取得胜利”和“美国共和党在下界总统的竞选中会失败”，这在认识上肯定是不合理的。而动态大弃赌涉及了两个不同时刻的置信体系，这相当于有两个置信体系，而对两个置信体系的不一致性并不能认为是认识上的不合理性。按照他的意思，如果今天我相信“美国共和党在下界总统的竞选中会取得胜利”，晚上，我看到一些对共和党不利的资料，到了明天我认为“美国共和党在下界总统的竞选中会失败”，那么这并不能说我在认识上是不合理的。

克里斯坦森之后对自己的观点有新的发展，他认为既然荷兰赌的弱点在于一定遭受打赌损失其实并没有实际上的负债，意义只在认识论上，那么从打赌损失来考虑理性信念的规则，这一定是把假设性的打赌损失看作理性信念存在问题的指示器。因此，传统的做法是将信念是否具有一致性放在行为人的打赌偏好上，但是这种信念和打赌偏好之间的联系其实是一个相当不真实的形而上学的联系。

据此，克里斯坦森提出一种新的看待部分信念的方法，并且认为很值得去做进一步的研究。他的基本思想是，不将部分信念看作打赌的比率，而是看作认可某个打赌比率。这样一来，由荷兰赌的弱点揭示出来的不足因此可以被看作信念自身的缺点。对P比对$(P \vee Q)$有一个更高的信念度的问题也因此可以被看作相信P但是不相信$(P \vee Q)$相平行（就是说传统的荷兰赌论证由求助于对概率计算的选择现在可以看作和一个分了级的信念一致性进行类比）。克里斯坦森认为这种方法能对历时荷兰赌中有争议的，行为人在不同时刻进行公平打赌的条件化问题做一个更好的说明。既然打赌损失被看作信念有问题的一个指示器，那么我们可以认为，其实问题在于这个行为人的心里已经怀有一个违背条件化的更新规则。这样一来，历时性就消除了，用打赌损失来支持条件化的方法可因此得到改进，并且在实用主义的一致性解释的框架内进行[45]450-479。

4.4 分歧信念与赌博进行的条件

拉姆齐和菲尼蒂认为部分信念可以通过打赌的方法来测定。要测定一个人对某一事件的信念度，这就要看他在打赌该事件发生时愿意下的赌注大小。在总的赌金（对手双方所下的赌注之和）一定的时候，如果甲愿意下的赌注越大，说明他对该事件实际信念度越大，越是认为自己在打赌中会获利。相反，如果他对该事件发生的实际信念度越小，他愿意下的赌注就越小，他对自己在打赌中会获利的信心就逐渐散失。当他愿意下的赌注小到某一数值时，他就会认为，如果打赌该事件，自己将遭受损失。此时，他就不再愿意就该事件的发生与对方打赌。

那么，当他所下的赌注为自己所能接受的这个最小赌注时，他实际是认为自己在打赌中不会获利，也不会遭受损失。或者说，他认为此赌对自己的期望效用值为0。相应地，他认为对手打赌事件不发生也不会遭受损失。此时，在他看来，打赌事件的发生和不发生是没有区别的，因此他会愿意和对手交换位置，对事件的不发生进行打赌，这就是主观主义概率理论所谓的“公平赌”。用来进行公平赌的赌商称之为公平赌商，等于他对事件发生的最小信念度。

我们可以看到，所谓主观概率理论中的公平赌，其实就是打赌结果对打赌双方没有差别的一个特殊的赌。但是，实际上，这种无差异性只是打赌一方所认为的，是他对事件的信念度等于公平赌商，因而他愿意和对手交换位置。不过，对对手而言，情况不一定如此。因为对手对事件的信念度可能并不等于公平赌商，如果对手认为交换位置后自己会获利，他会同意交换。如果他认为互换位置后，自己将遭受损失，那么他肯定不愿意交换位置。

在实际的打赌中，如果一方认为打赌事件发生自己会获利，此时，如果对手也认为打赌事件发生对自己有利，即打赌事件不发生自己将遭受损失，那么关于这个事件的赌在实际中不能发生。只有当一方认为打赌事件发生自己会获利，而对手认为打赌事件不发生对自己有利，在两个对手之间才会发生一个关于该事件的赌。这就是说，实际中打赌的发生是由于打赌双方就某一事件的发生产生了意见分歧。

既然是打赌，必定有人要遭受损失。但是，荷兰赌定理证明了，如果一个人的部分信念集合满足概率公理，则不会遭受损失。但是，实际的情形是：在实际的打赌中，理性对手双方的信念集合都满足一致性条件，他们的部分信念都是合理的，都必定满足概率公理。例如，如果甲是以信念度 $P_{甲}(A)$ 对事件 A 的发生进行打赌，那么他同时是以 $1-P_{甲}(A)$ 对事件 A 不发生进行打赌。同样地，如果乙以 $P_{乙}(A)$ 对事件 A 不发生进行打赌，他同时也是以 $1-P_{乙}(A)$ 对事件 A 的发生进行打赌。因此他们的信念集合都满足一致性条件，他们的部分信念都是合理的。而如果部分信念集是合理的，则该部分信念集必定满足概率公理。既然是这样，那么实际打赌中是什么原因使得有人要遭受损失？

经过对打赌条件分析之后，我们会发现原因在于，荷兰赌是假定打赌双方以公平赌商进行打赌，而实际上，打赌双方在打赌时的赌商不等于公平赌商。我们知道，一个自由的、没有强制性的赌要能够进行下去，它的基本的条件除了打赌双方都乐意下一定的赌注，并且能接受对方的赌注之外，还必须是打赌双方其实都认为自己会赢。或者说，双方都认为自己的期望效用值大于0，不然打赌不能发生。

现在,假设甲乙两个人要对事件 A 进行打赌,甲对事件 A 的相信度为 $P_{甲}(A)$,乙对事件 A 的相信度为 $P_{乙}(A)$ 。甲打赌事件 A 会发生,乙打赌事件 A 不会发生。假设在下面的条件下,打赌双方都认为自己会获利,此赌能够进行:甲愿意下赌注 a 来赌 A 发生,同时接受乙以赌注 b 赌 A 不出现。同样地,乙愿意下赌注 b 来赌 A 不发生,同时接受甲以赌注 a 赌 A 出现。总的赌注为 $S=a+b$。

按照打赌规则,当甲以 $P_{甲}(A)$ 打赌 A 发生时,同时他是以 $(1-P_{甲}(A))$ 赌 A 不发生,即赌 $\neg A$ 发生。同样地,当乙以 $(1-P_{乙}(A))$ 打赌 A 不发生时,即赌 $\neg A$ 发生,同时他是以 $P_{乙}(A)$ 赌 A 发生。打赌双方所获得的收益为:打赌的事件(A 或者 $\neg A$)发生,则他们分别得到对方对该事件不发生($\neg A$ 或者 A)所下的赌注,同时输掉自己对该事件(A 或者 $\neg A$)不发生所下的赌注。因此,对甲和乙两人来说,如果此赌能够在现实中进行下去,必须使下面两个不等式同时成立。

①对甲而言,A 发生,自己将获利。即:$b-S\cdot(1-P_{甲}(A))>0$,可推出,$P_{甲}(A)>a/(a+b)$。

②对乙而言,A 不发生,自己将获利。即:$a-S\cdot P_{乙}(A)>0$,可推出,$P_{乙}(A)<a/(a+b)$。

可以看出,如果两个人对同一事件的打赌能够进行下去,那么他们对该事件发生的部分信念(概率)是不相同。也就是说,荷兰赌是假定打赌双方以公平赌商进行打赌,而实际上,打赌双方在打赌时的赌商并不等于公平赌商。

主观主义概率论的公平赌中对手可以相互调换位置,这其实假定了双方对某一事件打赌的赌商为它们的公平赌商,即假定了他们对同一事件的信念度(概率)相等。但是,因为公平赌是没有输赢的赌,所以,这种赌实际不会发生。正因为此,主观主义概率理论实际是用不会获利的公平赌来说明并不存在一个对所有的个体都相同的、恒定的概率。相反,在实际的打赌中,只要打赌能够进行,打赌双方对打赌事件的概率就是不同的。也就是说,拉姆齐和菲尼蒂的真正意思在于证明概率是对个体而言的,是主观的。因为他们主张不同个体的背景知识不同,会造成他们对事件发生的部分信念(概率)不同。例如,对于事件A而言,甲认为它的发生是$P_{甲}(A)$,准确地说,这里的$P_{甲}(A)$应该是$P_{k甲}(A)$,其中k为甲的背景知识。也就是说,概率应该包含个体的认知成分。

而实际中打赌进行的条件正好能够说明,由于概率依赖于个体的知识背景,所以不同的人对同一事件发生概率的认知往往是不同的,这样一来,他们对同一事件的发生就会出现意见分歧,都愿意进行一个这样的赌,于是打赌就发生了。总之,荷兰赌定理的要点在于指出部分信念的合理性是与概率律一致,而不是要确定此时存在一个真实的打赌。相反,通过对实际中打赌发生条件的分析可得出,个体的部分信念集合满足概率公理,打赌的输赢实际仍然会出现,是因为不同的个体由于背景知识的不同造成对同一事件发生概率的认知不同,双方意见发生了分歧。即:只要意见分歧,就至少存在一个赌博,在这样的赌博中,每个人都认为,这样的赌博对自己是有利的。

5 主观主义决策理论及其困境与出路

1738年，贝努利通过对圣·彼得堡悖论（St.Petersburg paradox）的研究，在古典概率理论的基础上阐发了现代效用决策理论的萌芽，他认为人们在决策时考虑到的价值大小并不取决于货币价格，要考虑的真正价值是一种精神上对货币的期望值（moral expectation），它依据该赌博对他产生的效用，并且“这种效用依赖于人们做出估价的特殊情形”。他还给出了使期望效用极大化的决策准则，他的这一思想可以说是现代效用决策理论的萌芽。经过拉姆齐、菲尼蒂的关于主观概率理论的奠基性研究，加上1944年，冯·诺伊曼和摩根斯顿在假设的公理体系下论证了效用函数的存在性，建立了现代决策效用理论的基础——期望效用理论。萨维奇于1954年给出了一个理性决策的规范性模型——主观期望效用理论，为20世纪50年代决策分析理论的迅速崛起做出了不可磨灭的贡献。

在这之后，人们发现萨维奇的规范性决策模型在实际应用中存在和实际行为相悖的一些现象，在理性的确定事件原则遭遇广义逻辑悖论阿莱斯悖论和埃尔斯伯格悖论的挑战后，出于辩护和摒弃，主观决策理论的研究开始朝着理性和非理性决策两个方向发展。一方面，继续坚持理性决策宗旨，或者现有的期望效用值理论的改进，或者研究更具一般性的理性决策模型；另一方面，则开始考虑行为人行为时的心理因素，研究行为决策理论，代表性的有卡尼曼和特韦尔斯凯的前景理论。

5.1 主观期望效用决策理论

拉姆齐在提出了主观主义的概率思想之后，用自己的主观概率理论对贝努利的效用决策思想进行剖析，给出了一个主观期望效用决策的公理性轮廓,为不确定性情形下决策理论的研究做出了重要贡献。统计学家萨维奇把概率看成私人的事情,断言私人概率是统计学大厦的基础,把效用理论与主观概率结合成一个整体来处理统计决策问题,提出严格的公理体系,拓展了拉姆齐和菲尼蒂的主观概率理论。通过对世界的状态、结果和行动的形式化处理,行动被定义为状态到结果的函数,私人概率分布可以由个体的行动偏好导出,将私人概率和效用理论线性结合起来,论证了理性人的行动选择是以主观期望效用最大化为依据,对促进现代决策理论的发展起到了杠杆的作用。

5.1.1 拉姆齐的期望效用决策观

拉姆齐对通过打赌的方法来测度部分信念的方法并不满意,因为他也认识到这种测度方法会受到种种因素的极大影响。进而,他提出了一种新的通过效用对信念度进行定义的方法,虽然后来他依旧不满意这个方法。效用一般就是指可以定量刻画的价值,因此既然拉姆齐要用效用来定义信念度,势必首先要说明存在某种可以反映人们信念度的价值,然后要说明怎么才能够对这个价值进行定量的刻画。

事实上,拉姆齐也正是这么做的。他认为行为人对任何事物都有着某种信念,可以将所有的可能世界(即行动的所有可能的结果集合,一个可能世界是一个结果的全部情形)都被放进一个价值序列,看行为人如何看待所有可能世界进程的好坏。这样一来,这种信念就能够通过个体的行动选择反映出来。他说:"现在让我们放弃利益是加性的和可直接测度的这个假定,并且努力于构造一个会有尽可能少的假定的系统。首先我们将像以前一样地假设所讨论的这个人对每一个事物都有某种信念,那么他就会选择他相信其总后果将是尽可能最好的这样一种行动。"[12]57

不过,仅仅指出不同的可能的世界有着不同价值肯定是不够的,这样我们无法在不同可能世界之间进行比较。因为在不同的可能世界里,虽然价值的数值不同,但是,如果它们在不同的可能世界里是被任意地赋值,我们无法确切地用数值去代表它们,那么说α和β之间的价值差别等于γ和δ之间的价值差别,这样一个断言将不会有意义[12]57。这就是说,虽然存在某种定性的价值,我们可以将所有的可能世界放进一个价值序列,但是,如果我们没有方法对它们进行比较，那么这肯定是不够的。拉姆齐提出可以通过个人的偏好来做到价值之间的比较。他说："其次，再假设这个人有怀疑的能力；那么我们就能够通过向他提出下面的这类问题而测验他对各种命题的相信度。在任何情况下你都宁愿要世界α吗？或者当P真时你就宁愿要世界β，而如果P假则宁愿要世界γ？"[12]57很明显，拉姆齐是要通过个体的某种信念对所有可能世界用偏好关系进行排序。这样一来，似乎就可以利用偏好关系导出一个概率测度来对信念度进行定义。

拉姆齐这个方法的基本思路是引进一个心理学规律，即个体行动受到所谓的数学期望（简单地，若P是X上一个简单的概率测度，f是在X上的一个实值函数，则f关于P的期望值$E(f,P)$就定义为$E(f,p)=\sum_{x\in X}f(x)P(x)$）的支配，可以通过数学期望来定义相信度，在这里，拉姆齐看到了必须要做的关键一步：如何用上面所说的偏好关系对价值进行定量的刻画得到效用函数。因为只有引出一个效用函数，才可以利用数学期望定理从这个效用函数导出概率测度。

对于这个难题，拉姆齐是通过引入一个伦理上中立的命题克服的。他说："这里首先有一个困难必须要克服；像P这样的在上面的例子中被用作选择条件的命题，它们的真假有可能是这个人愿望的对象。这会使问题复杂化，并且我们不得不假定有些命题没有这种属性，这些命题我们将称之为伦理上中立的（ethically neutral）。"[12]57-58接着，拉姆齐给出了伦理上中立的命题的定义（如何确定每一结果的数字效用和数字概率是主观决策理论的核心问题，拉姆齐的方法是通过对概率为1/2的伦理中立的情况打赌的方式来确定任意两个结果之间的效用标度。然后就可以根据这个效用标度来确定状态、情况或命题的概率，包括那些不是伦理中立的情况的概率。可参见熊立文的《现代归纳逻辑的发展》一书。书中介绍了拉姆齐的这个方法，并且将之与冯·诺伊曼和摩根斯顿的方法进行了比较）。他说："一个原子命题P被称为伦理上中立的，如果其差异仅仅和P的真假有关的两个可能世界总是在价值上相等；而一个非原子命题P被称为伦理上中立的，如果它所有的原子真值主目（Atomic Truth-Arguments）都是伦理上中立的。"[12]58实际上，这就是一个关于等值的定义，也就是说，伦理中立命题就是根据某一行动由它所造成的结果在价值上总是相当的命题。例如，"掷一枚硬币结果是正面朝上”就是一个伦理中立命题，类似地，可以看出“掷一枚硬币结果是反面朝上”也是一个伦理中立命题。

在给出伦理中立的命题后，拉姆齐进一步地将其定义为相信度为1/2的信念，并且一般性地对相信度为1/2的命题进行了解释。“我们首先定义对于伦理上中立的命题其相信度为1/2的信念。我们说这个人对这样一个命题P的相信度为1/2，如果在下面这两个方案中他不偏爱任何一个：(1)如果P真则选择α，P假则选择β，和(2)如果P真则选择β，P假，则选择α；但是简单地在α和β之间他则是有偏爱性的。”[12]58他认为自己的这个定义大致相当于把1/2的信念定义为在同额赌注的打赌之中，不管赌注押在哪一边完全无所谓的相信度。也正因为此，他强调自己的体系始终都是建立在数学期望这个概念上的，“在评判我的体系时，应该记住在这个体系中，对于1/2度的信念，值实际上是通过数学期望而定义的，因而可以期望值能够被合适地分成不同等级，从而使得对于其它的相信度也能够有效地应用数学期望”[12]63。

在定义出1/2度的信念之后，即可以对不同可能世界的值用确切的数值表示后，拉姆齐认为可以对前面一个问题进行说明了。“α和β之间的价值差别等于γ和δ之间的价值差别”这句话的意思是什么？他将之定义为：“如果P是一个在1/2度上被相信的伦理上中立的命题，那么，在下面这两个选择方案之间他就没有偏爱性：(1)如果P真，选择α，如果P假，选择δ，和(2)P真，选择β，P假，γ。”[12]58

拉姆齐对这个建立在偏好关系基础上的测度价值的体系给出了一些假设性的条件，认为可以由偏好关系得到效用函数。例如，利用他所说的“‘大于’这个关系就可以把效用排列成一个有序系列”来简单说明一下，他提出我们可以把任何一个在同等程度上好于一个给定世界的所有这些世界的集合称为一个值(Value)：我们假定世界α好于β，那么任何一个其值等于α的世界都好于任何一个其值等于β的世界，并且我们将说α的值大于β的值。在这里他的意思可以理解为：不同的行动。例如，现在有a和b两个行动，人们会选择哪个行动呢？这就要看这两个行动带来的行动结果的效用，一方面，如果行为人在a和b之间更偏爱a，那么说明行动a的结果效用大于行动b的结果效用，即a的结果值等于α的世界，b的结果值等于β的世界。如果用效用把行动结果值表示为$U(a)$和$U(b)$，则：如果这个人对行动a的偏爱优于行动b，那么$U(a)>U(b)$。反之，如果$U(a)>U(b)$，那么这个人对行动a的偏爱优于行动b。

拉姆齐在定义了他的测度值（效用）之后，由效用对相信度进行了定义：他将行为人对P的相信度为$(\alpha-\gamma)/(\beta-\gamma)$，用他的话表达就是："如果选择$\alpha$肯定与选择'$\beta$如果$P$真，$\gamma$如果$P$假'无关，我们就可以把这个人对$P$的相信度定义为$\alpha$与$\gamma$之差同$\beta$与$\gamma$之差的比率；我们必须认为对于满足这些条件的所有的$\alpha$，所有的$\beta$，和所有的$\gamma$这个比率都相同。"[12]60即，如果"$\beta$如果$P$真，$\gamma$如果$P$假"的效用为$\alpha$，那么对$P$的相信度为$(\alpha-\gamma)/(\beta-\gamma)$。类似地，将在给定$Q$时，行为人对$P$的相信度定义为$(\alpha-\delta)/(\beta-\delta)$，用他的话来表述就是："假定这个人对下面这两种选择的态度是完全中立的：(1)α如果q真，β如果q假，(2)γ如果P真并且q真，δ如果P假并且q真，β如果q假选择β。那么，给定q时他对P的信念度就是α与δ的差同γ与δ之间的差的比率，我们必须假定对于任何满足这些给定条件的$\alpha,\delta,\gamma,\delta$这个比率都一样。[12]60"并且，他特别指出，这个定义不同于如果这个人知道q的话，他会对P具有的相信度。因为拉姆齐认为对q的知识可能会由于心理学上的原因而极大地改变这个人的整个信念体系。

拉姆齐证明了他的每一个定义都伴随着一个一致性[拉姆齐就是把部分信念一致性理解为一种特别类型的偏好关系（弱序）的性质。如果行为人的信念体系不满足这种偏好关系，那么他的价值判断将是不一致的，这会使得自己遭受荷兰赌]公理，对于任何一致的相信度集合，概率律都必然成立，违背概率律的任何确定的相信度集合都将违背关于在选择间的优选律[拉姆齐给出了四个概率律（Laws of Probability）并进行了证明：(1)对P的相信度+对$\neg P$的相信度=1；(2)给定q时对P的相信度+给定q时对$\neg P$的相信度=1；(3)对$(P\wedge q)$的相信度=对P的相信度给定P时对q的相信度；(4)对$(P\wedge q)$的相信度+对$(P\wedge \neg q)$的相信度=对P的相信度。优选律（The Law of Preference between Options）就是选择间的偏好关系。证明可参见：江天骥：《科学哲学名著选读》，湖北人民出版社1988年版，第61–62页]。如果一个人的思维违背了这些定律，那他可能就会被一个狡猾的对手导致他遭遇荷兰赌。在对这个建立在偏好关系之上的测度价值体系给出一些假设性条件后，他认为可以由偏好关系得到效用函数。虽然拉姆齐本人并没有对效用函数的存在性进行证明，也只是指出了这种偏好关系是一种传递的关系，但是结合他前面说的"大于"关系的属性，实际上，他定义的偏好关系就是一种弱序关系，并且他所指的效用函数是存在的，因此，可以说他为现代期望决策理论勾画了轮廓。

5.1.2 萨维奇的主观期望效用理论

1947年，冯·诺伊曼和摩根斯顿在《博弈论与经济行为》中确定了效用函数的公理系统，提出了不确定情形下进行选择的现代期望效用理论。萨维奇同样把概率看成是私人的事情，1954年，他将效用理论与私人概率(Personal probability为萨维奇用语)结合起来研究不确定情形下理性人的行动选择，给出了一个严格的公理体系，得到主观期望效用理论。之所以称之为主观期望效用理论，是因为对效用函数进行加权的不是客观概率，而是取决于个体的偏好，由个体的行动选择推断出来的私人概率。

萨维奇的方法与拉姆齐不同，拉姆齐是基于机会均等事件取得效用，然后根据效用得到概率，而萨维奇私人概率的获得并没有通过效用，他是把行动定义为状态到结果的函数，在弱序($\leqslant$)和一系列假设条件的基础上得到：在状态空间存在唯一的概率测度；在结果空间存在唯一的适合于一个正线形变换的实值效用函数。对所有的行动 (f,g) 而言，$f\leqslant g$，当且仅当，$U(f)\leqslant U(g)$，$U(f)$ 和 $U(g)$ 为行动的主观期望效用，即理性人是根据主观期望效用最大化进行决策的。

萨维奇承认自己曾陷入频率论传统太深，之所以他要重新考虑统计学基础，提出私人概率是统计学大厦的阶梯，至少有以下一些因素：如果统计学家既拒绝客观概率，又拒绝私人主义的概率，那么势必使得他们别无选择；如果统计学家使用频率论进行统计理论的研究，由于接受了概率必然性的观点，那么又只能"影响着科学以及统计学的其他应用领域的最重要的不确定的事情(uncertainties)就再也不能用概率来测度了"[12]150；如果使用私人概率，则可以推进统计学的发展，"我和其他一些Bayes主义者主张这种概率概念是唯一有效的概念，因此是统计学、物理学以及其他应用概率思想的领域中唯一需要的概率概念"[12]158;还有一个原因在于,虽然在拉姆齐首次阐述私人概率之后,菲尼蒂和库普曼发展了私人概率理论,但是他们很少研究私人概率对统计学的应用,为了给推进统计理论提供一个良好的基础,需要重新考虑统计学基础,他认为,"一旦私人概率理论真正进入这座大厦,私人概率的理论就被看作是它的主要楼梯"[12]157。

虽然萨维奇和菲尼蒂都认为私人概率可以解释客观概率所解释的问题。但是,与菲尼蒂拒斥客观概率的态度不同,萨维奇和拉姆齐并不否定客观概率,他只是主张没有必要用客观概率去解释外面的世界,所有这些事情,私人概率都可以做得很好。他自己说:"我不主张反对有定义一些有用的客观概率的概念的可能性,但是我自己已经对提出一个特别的私人概率的概念很满意。因此,在这一点上,在客观概率和私人概率两者之间的某种相互连接中,寻找一个对这两者都承认的二元的理论应该是很诱人的。虽然菲尼蒂对此已经表明(似乎萨维奇认为菲尼蒂的私人概率是一种客观的私人概率,寻求的是两者之间的某种联系),但是,这样做是没有必要的,因为有着未知概率 p 的硬币的想法能够单独用私人概率重新解释。"[5]51不过,萨维奇对彻底的贝叶斯主义者菲尼蒂是理解和欣赏的,他认为,在怀疑菲尼蒂理论,甚至把它作为荒谬的东西之前,至少应该好好研究菲尼蒂那些激动人心的著作。

为了对个体进行概率测度,萨维奇对现实世界的状态、行动和结果进行了形式化的处理。他认为一个现实世界是个体关心的事物,针对不同的问题,行为人会有许多不同的现实世界,而现实世界的状态就是一种对现实世界有关方面毫不遗漏的描述。状态要体现一切有关决定的因素(关于这些因素,决策者是不能断定的),并且应当用这样一种方法来表示,即取得的状态不依赖于选定的动作[49]173。在萨维奇那里:世界状态是一个有着元素 $s, s', s'', \cdots$ 和表示事件的子集 $A, B, C, \cdots$ 的集合 S;一个结果是可能对个体发生的任何事件,结果集合被设想由 F 表示,由 $f(s), g(s), h(s), \cdots$ 组成;行动是行为人采取的一个动作,一个行动被视为和它的可能结果相同,即行动被定义为状态到结果的函数(而不是把状态定义为行动到结果的函数),用 f, g, h 表示。

萨维奇通过一个具体形象的事例澄清了这些概念。他说:"思考一个例子。当你进来并且自愿完成煎蛋卷的时候,你的妻子已经打好了5个鸡蛋放在一个碗里。第6个鸡蛋,没有打碎放在碗的旁边,由于一些原因,它必须要么被用来煎蛋卷,要么扔掉。你必须决定怎么处置这个没有打碎的鸡蛋。你必须只能在三个行动之间作出决定,也许这并不是太过度单纯化的。即把它打碎放在装其他5个鸡蛋的碗里,把它打碎放在一个碟子里观察,或者不观察直接把它扔掉。这取决于蛋的状态,三个行动的每一个将有一些与你有关的结果。这个说明行动、状态和结果的例子可用下表来表示。"[5]13–14参见表5–1。

表5–1　行动、状态和结果之间关系的实例

行动	状态	
	好的	臭的
打碎放进碗里	6个煎蛋卷	没有煎蛋卷和5个好鸡蛋毁坏
打碎放进碟子里	6个煎蛋卷和洗一个碟子	5个煎蛋卷和洗一个碟子
直接扔掉	5个煎蛋卷和一个好鸡蛋毁坏	5个煎蛋卷

从这个例子中,我们可以清楚地看出,在给定的情形下,所有的可得到的行动的集合可以用 F 表示,在这个例子中, F 有三个行动作为元素。如果用 f 表示表中的第一个行动"打碎放进碗里",那么行动 f 可以表示成函数的形式: f(好的) =6个煎蛋卷; f(臭的) =没有煎蛋卷和5个好鸡蛋毁坏,以此类推。

萨维奇为了建构起一个对概率计算而言是充分的,行为人用个体概率和效用进行决策的理论,他借助了弱序概念和一些前提条件,严格论证出行为人用私人概率和效用进行决策的主观期望效用决策理论:存在唯一的私人概率测度,并且存在有界的和唯一正线形变换的实值效用函数。

萨维奇的理论是从个体对行为的偏好关系中推导出来的,这里的个体就是行为决策人。决策人的决策是根据价值大小进行评价和选择,价值体现了决策人需要的某种满足。这里的决策人也就是偏好主体,而使决策人在需要上得到某种满足的对象为偏好对象。简单地说,偏好关系是一种关于偏好对象的二元关系。例如,对象 x 优于对象 y,并且偏好关系 x 优于 y,也就蕴涵了最终在价值判断上决策人认为 x 优于 y。而对于一个理性决策人而言,"理性的偏好关系体现在关于偏好关系'≥(弱优于)'的两个基本假设即完备性和传递性之中。具体地说，我们假定决策者是理性的，即他的偏好关系$\geqslant$满足：

(1)完备性。任何两个备选对象$a,b\in S$，它们的关系是，或者$a\geqslant b$，或者$b\geqslant a$。两者必居其一。

(2)传递性。对于任意的三个备选对象：$a,b,c\in S$，如果$a\geqslant b$，$b\geqslant c$，那么$a\geqslant c$"[50]。萨维奇的决策理论就是建立在具有这样的完备性和传递性的弱序($\geqslant$或者$\leqslant$)之上。

在萨维奇给出的七个原则性前提条件中[49]200-204，对状态到结果的集合上的全部行动而言，其中的第七个假设条件只是用来保证对全部行动的效用计算，并且保证在结果集合上的效用函数U是有界的，正因为U是有界的，所以全部行动也是有界的。其余的$P1-P6$对于求得在状态空间存在唯一的概率测度，在结果空间存在唯一适合于一个正线形变换的实值效用函数U是足够的，它们分别为：

$P1$.行动之间的联系"$\leqslant$"是弱序。

$D1$.给定B(为一事件)，$f\leqslant g\Leftrightarrow f'\leqslant g'$，对每个$f'$和$g'$与$f$和$g$一致，在$B$上分别一致，在$\neg B$上互相一致。

$P2$.对每一个f,g和B，给定B时$f\leqslant g$，或者给定B时$g\leqslant f$。

$D2$.$g\leqslant g'\Leftrightarrow f\leqslant f'$，当且仅当$f(s)=g$，$f'(s)=g'$，$s\in S$。

$D3$.$B\equiv\varnothing\Leftrightarrow f\leqslant g$，对每个$f,g$，给定$B$。

$P3$.如果$f(s)=g$，$f'(s)=g'$，$s\in S$，并且$B\neq\varnothing$；那么给定B，$f\leqslant f'\Leftrightarrow g\leqslant g'$。

$D4$.$A\leqslant B\Leftrightarrow f_A\leqslant f_B$或者$g\leqslant g'$，对每个$f_A,f_B,g,g'$使得：$f_A(s)=g$，$s\in A$；$f_A(s)=g'$，$s\in\neg A$；$f_B(s)=g$，$s\in B$；$f_B(s)=g'$，$s\in\neg B$。

$P4$.对所有的A,B，$A\leqslant B$或者$B\leqslant A$。

$P5$.对每个f,f'，$f\leqslant f'$为假。

$P6$.假定$g\leqslant h$为假，那么对每个f，S有一个有限的划分，使得假如g'与g一致除了此划分中的任一元素。若g'和h'等于f为假，则$g'\leqslant h$或者$g\leqslant h'$将为假。

萨维奇用$\leqslant\cdot$(……比……的可能性差一点)来表示所有事件$B,C,D\cdots$

之间的联系是一个定性概率关系，当且仅当，它满足下面三个性质[5]32：

(1) $\leqslant\cdot$ 是弱序；

(2) $B\leqslant\cdot C$，当且仅当，$B\cup D\leqslant\cdot C\cup D$，假如 $B\cap D=C\cap D=\varnothing$；

(3) $0\leqslant\cdot B, 0\leqslant\cdot S$。

在这些原则性的前提条件下，萨维奇证明了他的两个著名的结论。

第一，在状态集合的全部子集的集合上有唯一的一个概率测度，即一个个体对每一个事件可以赋予一个概率数值。

如果S有一个概率测度P并且有一个定性概率关系"$\leqslant\cdot$"，那么对每一个B, C, $P(B)\leqslant P(C)\Leftrightarrow B\leqslant\cdot C$。萨维奇应该就是缘于此而给出了概率的私人解释，因为对个体的偏好而言，在证明上述的一系列前提条件合理后，通过它们确实推导出一个概率测度，并且，正如萨维奇所认为的那样，这种推导并没有依赖任何客观的因素，而是完全从个体的偏好关系用数学方法严格推导出来的。因此，私人概率的解释是合理的。

第二，存在有界的和唯一适合于一个正线性变换的实值效用函数，使得对所有的行动 (f,g) 而言，$f\leqslant g\Leftrightarrow U(f)\leqslant U(g)$。这个公式和冯·诺伊曼和摩根斯顿的期望效用理论，都反映了理性人在决策时考虑的效用等于各个结果效用的期望值。所不同的是，冯·诺伊曼和摩根斯顿用客观概率对效用加权，而在萨维奇的公式中，客观概率被私人概率取代。对一个二元博弈而言，萨维奇的效用值为 $U(x,\ A;\ y)=S(A)U(x)+(1-S(A))\,U(y)$，$S(A)$ 为个体对事件A的私人概率。因此，上式中的U应该为行动的主观期望效用，其效用值为 $U=\sum_{i=1}^{n}U(X_i)S(A_i)$，$A=\{A_1, A_2, \cdots, A_n\}$，对应事件$A$有$n$个可能结果，即 $X=\{X_1, X_2, \cdots, X_n\}$。这就是说，决策结果可以用私人概率和代表偏好关系的效用函数来理解，即理性人决策的依据是期望效用最大化[5]204–219。

萨维奇拓展了拉姆齐和菲尼蒂的主观概率理论，建立了规范人们行动的主观期望效用理论。该理论认为个体的概率分布可以由行动的偏好导出，理性人的行动选择应该遵循主观期望效用最大化，但是，该理论也遭受了不少批评和挑战，最著名的例子是阿莱斯悖论和埃尔斯伯格悖论[51]643–669。这两个悖论指出，在现实生活中，人们实际行动的选择并不总是和该理论的结果相一致，人们并不总是按照主观期望效用最大化进行决策。究其实质，这两个悖论针对的主要是确定事件原则(The Sure-Thing Principle)。

确定事件原则是萨维奇通过一个事例引入的，他说："一个商人打算购买某个物品。他认为下一届总统选举的结果与对这个购买的吸引是相关的。因此为了对自己澄清这个事情，他问自己，如果知道共和党候选人将获胜，他是否购买，他决定自己将购买。相同地，他认为如果他了解到民主党候选人将获胜，他又发现自己将购买。由于看到在每一个事件里自己都将购买，他决定自己应该购买这个物品，即使他不知道哪个事件成功，或者将成功，正如我们通常说的。一个决策能够在一个被这个商人使用的原则的基础上做出是很少的，但是，可能除了这个简单的次序假定之外，我了解到没有其他特别的调整决策的逻辑原则能够得到这样情愿的赞同。已经建议的原则我将暂时称为确定事件原则。"[5]21 由此，萨维奇给出了确定事件原则相对形式化的陈述：如果一个人在得知事件 B 出现，或者在得知事件 $\neg B$ 出现时，他都将不是喜欢 f 胜过 g，那么他是不喜欢 f 胜过 g。而且(倘若他不把 B 看作实质上的不可能)，如果他在得知 B 出现时，他很明确，自己喜欢 g 胜过 f，并且，如果他在得知 B 不出现时，他并不喜欢 f 胜过 g，那么他就是明确地喜欢 g 胜过 f [5]21-22。实际上，这就是指一个理性人对两个行动之间偏好的次序关系。

萨维奇对该原则形式化的详细说明主要是通过 $P2$ 和 $P3$ 进行的。$P3$ 是用来指出 B 在非零状态下的偏好关系，这就在关于结果的优先和关于决策者视为可能事件条件的优先之间产生了一个合理的对应。单独 $P2$ 的意思是指，对没有进行条件偏好定义的、给定 B 时的偏好关系是不存在的，即给定 B 时，$f \leqslant g$，或者给定 B 时，$g \leqslant f$。$D1$ 则正是针对 $P2$ 下的关于条件偏好的一个定义，把它们结合起来，则为：如果 f，g 和 f'，g' 满足下面三个条件：①在 $\neg B$ 上，f 和 g 一致，并且，f' 和 g' 一致；②在 B 上，f 和 f' 一致，并且，g 和 g' 一致；③如果 $f \leqslant g$，那么 $f' \leqslant g'$。

这就指出了存在一种行动之间的偏好关系，直觉上的理解为：在给定 B 时，f 和 g 之间的条件偏好关系仅仅依赖于在 B 上 f 和 g 的特性，而不依

赖 f 和 g 在状态 B 之外所假定的值；只要两个行动 f 和 g 在 B 之外被更改成相互之间一致，那么在更改的行动之间的偏好次序的获得将不依赖于被容许修改的哪个行动实际上的实现。简而言之，在假定 f 和 g 在除 B 之外是相互一致的，没有一般性的损失。因此，我们能够在 B 之外对它们进行修改，使得他们一致而不影响条件偏好。

在同等意义上，如果 f 和 g 是两个行动，在 B 之外它们可以被任何方法更改，只要修改了的行动 f' 和 g' 在 B 之外继续相互一致，那么在 B 之外所发生的变化将不影响给定 B 时 f 和 g 之间的条件偏好。可以通俗地理解为：只要取得状态不依赖于实际上履行的行动，行动中间的优先就不应当取决于那些对两个行动有完全等同结果的状态。这在萨维奇看来肯定是合理的，并且很多人也都证实这是合乎情理的[49]202。但是，恰恰是这个看上去合理的条件偏好被显示出和人们实际中的行动选择相违背。

针对确定事件原则（或称“确凿性原则”），萨维奇用了一个直观的图进行了进一步的阐明[5]23，参见图5-1。

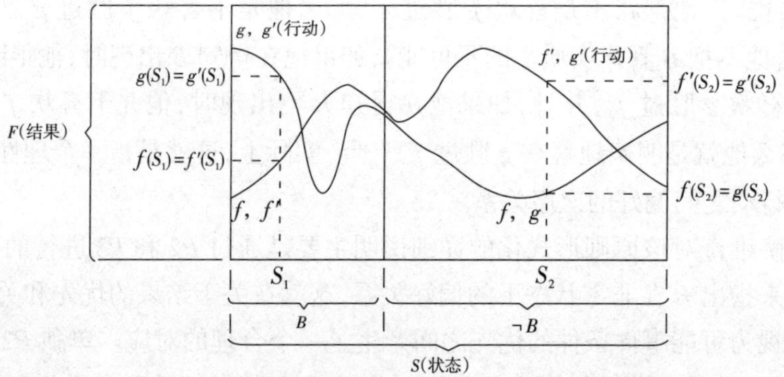

图5-1　确凿性原则（The sure-thing principle）

在图中，所有的状态 S_i 的集合 S 和所有的结果 f 的集合 F 分别用水平和垂直的距离表示，一个行动 f（对每一个 $S_i \in S$，存在一个函数 $f(S_i) \in F$）用一个曲线表示。这很形象地说明了用来保证条件偏好的确定事件原则，即：在 $\neg B$ 上，两个行动 f 和 g 相互一致，并且，f' 和 g' 也相互一致。在 B 上，行动 f 和 f' 相互一致，并且，行动 g 和 g' 也相互一致。如果这个条件满足，那么 $f \leqslant g \Leftrightarrow f' \leqslant g'$。

5.2 主观期望效用理论的困境

主观期望效用理论认为个体的概率分布可以由行为的偏好导出，并且理性人的行为选择应该遵循主观期望效用理论，但是，阿莱斯和埃尔斯伯格分别在1953年和1961年的论文《风险状态下人类的理性行为：对美洲学派的前提条件和公理的批判》和《风险，含糊性和萨维奇公理》中提出了两个针对主观期望效用理论的悖论，这两个悖论显示了人们实际行为的选择并不总是和该理论的结果相一致。

于是，围绕这两个悖论，有人继续坚持主观期望效用理论的正确性，研究出一些更具有一般性的规范性理论，有人则认为基于主观概率和效用的规范性行为决策理论并不完善，需要对行为进行描述性研究。这样一来，在决策理论的研究上，人们展开了行为决策理论应该是规范的还是描述的争论。之后，西蒙从心理学的角度进行研究，指出人的认知能力是有限的，提出了有限理性的理论，决策理论逐渐以对行为的描述性研究为主。代表性的理论有卡尼曼和特韦尔斯凯的前景理论，前景理论在严格的实验基础之上的对人们的实际行为进行描述，发现实际行为与主观期望效用理论相悖的原因在于心理因素的影响，为不确定性情形下决策理论的研究做出了新的贡献。

5.2.1 阿莱斯悖论

按照萨维奇的观点，主观期望效用理论是用来规范人们行为的，理性人的行为选择应该和它保持一致性。并且，主观期望效用理论中的确定事件原则表明：只要两个行动在某种情形之外是一致的，那么在这种情形之外发生的变化肯定不会影响此情形下行为人对两个行动的偏爱次序关系。对此可以直观地理解为：如果两个行动的主观期望效用值的大小关系为 $U_A > U_B$，那么在这个数学不等式的两边可以同时加上共同的值，原不等式依然成立。

1952年，法国经济学家阿莱斯向主观期望效用理论提出挑战的例子，主要就是针对这个确定事件原则而言的，人们称之为阿莱斯悖论，这个悖论可以表述如下：

在下面两组实验中，要求人们分别对其中的两个备选方案做出选择。

第一组实验包括：

A. 可以确定得到100单位百万法郎；

B. 有10%的机会得到500单位百万法郎，89%的机会得到100单位百万法郎，1%的机会什么都得不到。

第二组实验包括：

C. 有11%的机会得到100单位百万法郎，89%的机会什么都得不到；

D. 有10%的机会得到500单位百万法郎，90%的机会什么都得不到。

在经过大量的实验后，结果显示在第一组实验中，大多数个体选择了*A*，在第二组实验中，大多数个体选择了*D*。这样一来，阿莱斯发现了一个问题：实际上，主观决策与主观期望效用理论的结果不相一致。

根据主观期望效用理论，总的效用值等于对每个事件的主观期望效用值的线性相加，如果以百万法郎为单位，取$U(0)=0$，那么$U_A=U(100)$，$U_B=0.10U(500)+0.89U(100)$，$U_C=0.11U(100)$，$U_D=0.10U(500)$。

因为，在第二组实验中，大多数个体选择了*D*而没有选择*C*，所以，遵循主观期望效用理论的解释，应该$U_D>U_C$，即$0.10U(500)>0.11U(100)$。然后，根据确定事件原则，对这个效用不等式两边同时加上一个完全等同的结果$0.89U(100)$，原不等式形式应该保持不变，即$0.10U(500)+0.89U(100)>0.11U(100)+0.89U(100)$。根据主观期望效用理论，可以对该式右边的效用值进行线性合并，得到$0.10U(500)+0.89U(100)>U(100)$，即$U_B>U_A$。同样，根据主观期望效用理论，在第一组实验中，大多数个体选择了*A*而没有选择*B*，则应该$U_B<U_A$。显然，这个效用不等式和上面经过确定事件原则得到的效用不等式是相互矛盾的。

阿莱斯的这个悖论对主观期望效用理论产生了极大的冲击，因为，按照主观期望效用理论，人们选择的行动造成的可能结果为主观期望效用最大值，所以在第一组实验中，人们应该选择*A*而不选择*B*，在第二组实验中，应该选择*C*而不是*D*，并且根据其确定事件原则，人们在这两组实验中行为的选择应该具有一致性。但是，阿莱斯悖论显示了，不仅人们在实际中选择的行动与主观期望效用理论的结果不一致，而且，从人们实际做出的决策出发,根据作为该理论自身一个基本假定的确定事件原则可以推出和理论自身相悖的结果。

阿莱斯的本意是用这个问题来反对主观期望效用理论用所谓的理性人作为决策理论的基本假定,因为,他认为:按照美洲学派(American School)的观点,一个理性人必须和贝努利原则一致,按照我们的观点,这是错误的……如果理性可以被定义为和一个导致贝努利类型的公式化表述的公理一个系统,那么很明显没有讨论是可能的。……从公众的观点看,对人们的行为的实验观察使得贝努利的原则无效。……美洲学派提出的导致贝努利原则的基本的假设都经受不住分析,所有的都建立在虚假的证据之上。……特别地,对于理性人,通常不存在一个指标$B(x)$使得最佳情形能够被最大的期望值$B(x_i)$定义。他主张人们在实际决策的时候有某种心理上的东西在起作用,从而使得人们行为的选择并不总是满足主观期望效用理论,他在1988年的一篇文章中说:“实际上,‘阿莱斯悖论’仅仅悖在现象上,它只不过是与一个非常深刻的心理上的现实相符合,在必然附近对安全的偏好。”[52]

萨维奇对作为理论出发点的偏好关系竟然与理论自身的原则相违背感到很震惊,不过,他并非如阿莱斯所希望的那样放弃自己的理论,相反,他认为行动的选择应该是理性的,主观期望效用最大化是可以和个体行动选择相一致的。因此,他采取的措施是理性人会对自己的偏好关系进行修正,当一个理性人知道自己的偏好关系违背了确定事件原则后,他会进行修正,最终的选择应该符合确定事件原则。在这里,萨维奇的本意是理性人也会出错,但是一旦他意识到自己的错误后,他会参照确定事件原则纠正自己的行动,最终得到一个理性的行动,他说:“(这个)偏好的逆动对我来说似乎是我已经纠正了一个错误。当然,因为是完全主观的,所以在这个偏好里,一个根本的意义不可能是错误的,但是,从一个不同的、更精细的意义看,他们可以是错误的。”[5]103

萨维奇利用一个抽彩给奖的例子来对此进行了解释,在下图中,水平方向的1—100为100张已经编号的票,用来表示概率大小,垂直方向的策略1到策略4对应阿莱斯悖论中的四个不同的备选方案,图中数字为以10万美元为单位的抽彩给奖法中的金额,参见图5-2。

	票数		
情形1：	1	2—1	12—100
策略1	5	5	5
策略2	0	25	5
情形2：			
策略3	5	5	0
策略4	0	25	0

图5-2　萨维奇的抽彩给奖的例子

从上图中可以看到，在12—100这一列中，策略1和策略2，策略3和策略4情况相同，这就是说如果抽出编号为12到100的一张票，分别对于情形1和情形2来说，不管选择哪个策略都是没有问题的。因此需要考虑的是编号1到编号11中的票被抽出的情况，而这恰恰对于情形1和情形2是相同的，策略1与策略3，策略2与策略4的金额相同。如果一个理性人最初的实际选择是在情形1中选择了策略1，而在情形2中选择了策略4，过后，当他发现这样的选择违背了确定事件原则，他应该思考对于“能够获得50万美元”和“有10比1的机会能获得250万美元，但同时也有1比10的机会失去50万美元”这两种备选的策略，自己真实的偏好到底是哪个。萨维奇认为这个理性人经过思考后修正的结论应该是：“有一个一般性的或者客观性的主张。最终，考虑我的完全个人的喜好，我发现我将更喜欢50万美元的礼物，因而，我更喜欢策略1而不是策略2，更喜欢策略3而不是策略4。”[5]103这样一来，真正的理性选择就和确定事件原则相符合了，从而消解了悖论。

但是，萨维奇似乎并没有正面回答阿莱斯对主观期望效用理论中理性原则的置疑，没有澄清悖论所针对的确定事件原则本身的合理性问题，也没有放弃自己的理性决策观。只是在回答阿莱斯提出的问题时，他提到人们可能有两种偏好，一种是个体临时的、最初的偏好，当被发现与理性原则不一致后会进行修正，另一种是与主观期望效用理论中理性原则相一致的个体真正的偏好。但是，从他所举的例子中，可以看到，他所说的再次修正其实是在没有考虑编号为12—100的票数的状态下进行的。不过，事先假定了确定事件原则的正确性，这样再次的选择就是为了使个体的偏好关系满足确定事件原则，而得出个体对自己的偏好确实“有一个一般性的或者客观性的主张”的相应结论。也就是说，他并没有说清楚阿莱斯悖论所针对的确定事件原则本身的合理性。

摩根斯顿也和萨维奇持有类似的观点，他于1979年也认为阿莱斯悖论对于期望效用理论并不是一个真正的问题，期望效用理论作为一个规范性的决策理论是正确的。他的观点与萨维奇类似，主张人们行为的选择应该是理性的，如果理性人被告之自己的行为选择违背了理性原则，他们愿意改变他们的行为。对于规范性的理论不能描述人们的实际行为的观点，摩根斯顿坚信随着时间的发展，理论将逐渐变得能够精确地描述人类的决策行为。

鉴于阿莱斯悖论的出现，有些学者主张放弃主观期望效用理论，发展新的效用理论，这类的代表有卡尼曼和特韦尔斯凯，他们于1979年提出了前景理论。在他们那里，前景和赌博情形有着相近的意思。他们断定一个人在对前景的选择过程要经过两个阶段：早期的编辑阶段和随后的赋值阶段。编辑阶段是对提供的前景进行初步的分析，得到一个简单的这些前景的代表，主要的编辑阶段的操作可描述为如下几种形式[53]274：

编码(Coding)。以个体当前的财富状况为参考点来察觉结果是赢利(gains)还是损失(losses)的过程，这个过程要受到提供的前景和决策人期望的影响。

合并(Combination)。对前景中具有相同结果的概率进行合并从而得到一个简化的新的前景。例如，对于前景(20,0.25;20,0.25;0,0.50)就可以简化为新前景(20,0.50;0,0.50)。

分离(Segregation)。把前景中能确定的结果(得到或者失去)分离出去得到一个新的前景。例如，对于前景(100,0.80;20,0.20)，因为其中的20为确定得到的部分，所以可以分离出去得到等价的新前景(80,0.80)。

取消(Cancellation)。把提供的各个备选前景中的共同部分抛弃掉，形成新的备选前景。对两个或者更多的赌博抛弃共同的成分。例如，对于前景(200,0.20;100,0.50;-50,0.30)和(200,0.20;150,0.50;-100,0.30)，其中的(200,0.20)为共同部分，因此可以被缩减为新的前景(100,0.50;-50,0.30)和(150,0.50;-100,0.30)。

按照他们的理论，阿莱斯悖论中的情形C和D分别为前景(100,0.11)和(500,0.10)。

在第二个阶段，编辑了的前景被赋值并选择具有最高值的前景。一个编辑过的前景的总值(V)由值(v)和决策权重(π)来刻画。在前景理论中，期望效用值被值函数取代，对应每一个结果x有一个数值$v(x)$，它是人们主观上对结果变化的评价值。这样一来，人们实际行为的选择就取决于由值(Value)和决策权重来刻画的某个前景的总值大小。在这里，值函数取代了效用函数，对应每一个结果有一个值，它是人们主观上对结果变化的评价值。因为结果是相对一个参考点定义的，这一点也就作为值函数的零标度，以此来测度人们在主观上对背离该点的收入和损失值的评价。经过实验分析，他们得到值函数的图形[53]279，如图5-3。

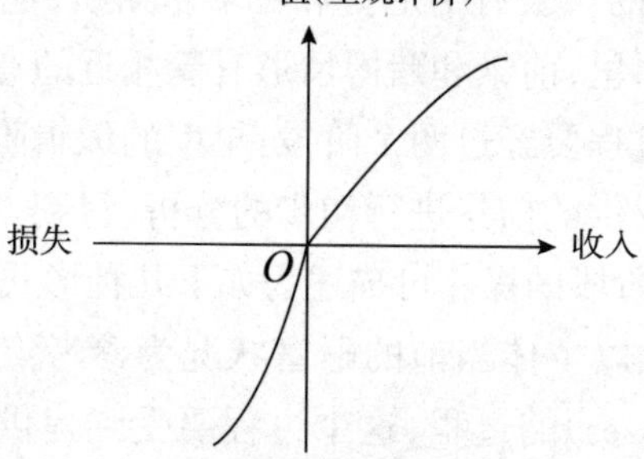

图5-3　值函数图形

从上图可以看出，值函数曲线呈现边际递减的趋势，并非是线性的，相对于结果的绝对值，人们对参考点附近的结果更敏感。距离参考点越近，曲线的斜率越大，值函数变化递增，表示人们在主观上的感受越来越强烈，这也说明了人们在主观上对50万美元和250万美元的估价并非线性递增。并且，可以看出，亏损曲线的斜率变化更大，这表示人们在主观上对亏损的感受更敏感，宁愿得到而不愿意失去。这一点可能和萨维奇所说的——他更喜欢50万美元的礼物，不愿意为了得到250万美元而冒着失去50万美元的风险——有着某种一致。

另外，主观期望效用理论中的用来作为效用系数的主观概率在前景理论中被决策权重取代。这样一来，对于一个以概率p得到x，以概率q得到y的期望形式$(x,p;y,q)$，如果$(x,p;y,q)$是一个有次序的前景，则[53]276：如果$p+$

$q<1$,或者 $x\geqslant 0\geqslant y$,或者 $x\leqslant 0\leqslant y$,那么 $V(x,p;y,q)=\pi(p)v(x)+\pi(q)v(y)$;如果 $p+q=1$,或者 $x>0>y>0$,或者 $x<y<0$,那么 $V(x,p;y,q)=\pi(p)v(x)+[1-\pi(p)]v(y)$。

前景理论中的决策权重反映了在实际决策中人们对概率的效果,虽然对应每一个概率有一个决策权重,但是它不是概率而是概率的函数,也不服从概率公理。它的图形如图5-4[53]283。

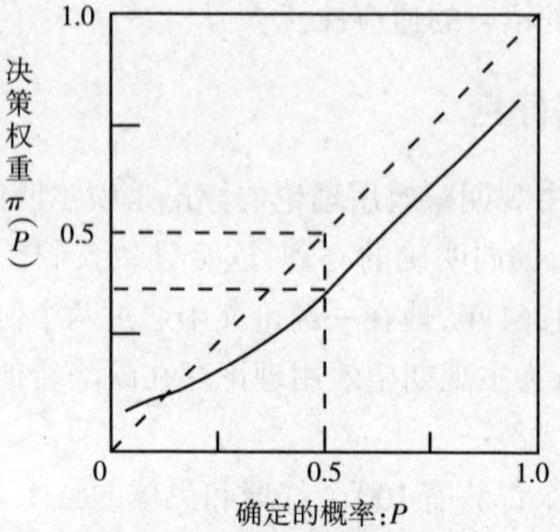

图5-4　决策权重函数图形

可以看到,决策权重函数虽然是单调递增的,但是是非线性的,是一个凹形曲线。在实际决策时,人们对极小概率给予的决策权重明显偏高。这就是说,在实际决策时,人们对概率为0.10%的决策权重和概率为0.11%的决策权重相比较,前者偏高的幅度要明显大一些,从而可能使得阿莱斯悖论中的前景D的总值要高于前景C,因此,人们更多地选择了D而没有选择C。并且,在通常情况下,$\pi(P)+\pi(1-P)=1$这个条件并不满足,对于互补事件决策权重之和明显要比按照线形图形得到的偏小。从图中可以看到$\pi(0.5)+\pi(0.5)<1$。这就是说,人们在实际决策时,当面临着要对确定事件和不确定事件进行选择的时候,人们更多地会选择确定性事件,这也解释了人们为什么在阿莱斯悖论中选择了A而没有选择B。这样,利用前景理论就可以很好地描述人们的实际行为,既可以说明在阿莱斯悖论的第一组实验中,人们为何选择具有确定性的A,而不选择具有不确定性的B,又可以说明在第二组实验中,人们为什么选择具有相对小概率的D,而没有选择

C,从而成功地解释了阿莱斯的问题。

前景理论对阿莱斯悖论的解释得到了很多学者的赞同,谢弗也曾主张不应该采取主观期望效用理论来规范人们的行为,他说:“我们今天应该怎么样评价阿莱斯对期望效用理论的批评?我想,……因为新的心理学的成果,我相信,对统计学家的决策进行的讨论和决策分析……将很少谈论到规范性和一致性,更多的是关于范例的选择的适应性,关于用来明确地表达和解决选择问题的语言的适应性。”[54]

5.2.2 埃尔斯伯格悖论

另一个著名的主观期望效用理论的悖论是埃尔斯伯格给出的,他发现人们具有嫌弃含糊,偏向明确的心理,这会导致人们在行为选择时主观概率可加性不成立。1961年,他在一篇论文中通过两个例子向主观期望效用理论提出了挑战,认为主观期望效用理论存在缺陷。他的第一个例子是提问式的,表述如下[51]650–651:

在你面前有两个都装有100个红球和黑球的缸Ⅰ和缸Ⅱ,你被告知缸Ⅱ里面红球的数目是50个,缸Ⅰ里面红球的数目是未知的。如果一个红球或者黑球分别从缸Ⅰ和缸Ⅱ中取出,那么它们分别被标为红Ⅰ、黑Ⅰ、红Ⅱ和黑Ⅱ。现在从这两个缸中随机取出一个球,要求你在球被取出前猜测球的颜色,如果你的猜测正确,那么你就获得$100,如果猜测错误,那么什么都得不到。

为了测定你的主观偏好次序,你被要求回答下面的问题:

①你偏爱赌红Ⅰ的出现,还是黑Ⅰ,还是对它们的出现没有偏见?

②你偏爱赌红Ⅱ,还是黑Ⅱ?

③你偏爱赌红Ⅰ,还是红Ⅱ?

④你偏爱赌黑Ⅰ,还是黑Ⅱ?

埃尔斯伯格发现大多数人对问题①和问题②的回答是没有偏见的。但是对问题③的回答是更偏爱于打赌红Ⅱ的出现,对问题④的回答是更偏爱于打赌黑Ⅱ的出现。他认为,按照萨维奇的理论,假定你赌红Ⅱ,那么作为一个观察者将实验性地推断你是认为红Ⅱ的出现比红Ⅰ的出现更有可能。同时你打赌于黑Ⅱ,则可推断你认为黑Ⅱ比黑Ⅰ更有可能发生。但是,我们根据概率的知识知道这是不可能的。因为,如果黑Ⅱ比黑Ⅰ更有可能出现,那么红Ⅰ一定比红Ⅱ更有可能出现,所以,不可能从你的选择中推断出概率,也就是说你的行为选择根本不是在概率的启发下做出的。所以,在不确定情形下,主观概率不能赋值,没有概率测度能被确定。

埃尔斯伯格给出的另外一个例子直接针对确定事件原则,表述如下[51]653-654:

在一个缸里装有30个红球和60个不知道比例的黑球和黄球。现在从缸中随机取出一个球,要求人们对下面两种情形下的四种行为进行选择,参见表5-2。

表5-2 随机取球会产生的两种情形四种行为

	第一种情形				第二种情形		
	30	60			30	60	
	红球	黑球	黄球		红球	黑球	黄球
Ⅰ	$100	$0	$0	Ⅲ	$100	$0	$100
Ⅱ	$0	$100	$0	Ⅳ	$0	$100	$100

行为Ⅰ是对红球的一个赌,当一个红球被取出可以得到$100,其他颜色的球被取出则什么都得不到;行为Ⅱ是对黑球的一个赌,当一个黑球被取出可以得到$100,其他颜色的球被取出则什么都得不到;行为Ⅲ是对红球或者黄球的一个赌,当红球和黄球被取出可以分别得到$100,黑色被取出则什么都得不到;行为Ⅳ是对黑球或者黄球的一个赌,当黑球和黄球被取出可以分别得到$100,红球被取出则什么都得不到。

可以看到,这两种情形的区别仅仅在于第二种情形多了一个有完全等同结果的状态,即黄球被取出可以得到$100。根据确定事件原则,人们对行为Ⅰ和行为Ⅱ之间的偏好关系应该和对行为Ⅲ和行为Ⅳ之间的偏好关系相一致。就是说,如果在第一种情形下选择了行为Ⅰ,那么在第二种情形下应该选择行为Ⅲ;如果第一种情形下选择了行为Ⅱ,那么在第二种情形下应该选择行为Ⅳ。

但是,埃尔斯伯格发现大多数人在第一种情形中选择了行为Ⅰ,同时在第二种情形中选择了行为Ⅳ;较少一些的人在第一种情形中选择了行为Ⅱ,同时在第二种情形中选择了行为Ⅲ。而这两种选择模式都违背了确定事件原则。因此,人们实际的行为选择明显与主观期望效用理论的结果不相一致。并且,他得到一个重要的发现,他说:“在重新思考所有他们按照这个原则‘犯错的’决定后,许多人——他们不仅是富有经验的,而且是理智的——都决定他们希望坚持他们的选择。这其中包括先前感觉对这个原则有一个‘首位的信奉’的人,他们发现在这些情形里,他们想要违背了确定事件原则,许多人很惊讶,一些人很沮丧。”[51]655

埃尔斯伯格所揭示的问题确实对主观期望效用理论产生了严重的冲击,因为他进行实验的对象不少是统计学家和经济学家,不仅这些人中的大多数,其中包括萨维奇本人都做出了“错误的”选择,而且有不少人在重新思考过后仍然不愿意改变自己的选择,这似乎说明主观期望效用理论并不具有规范性的作用。正如埃尔斯伯格所言:“在上面例子中,比起Ⅱ更愿选择Ⅰ,和比起Ⅲ更愿意选择Ⅳ的个体(或者,比起Ⅰ更愿意选择Ⅱ,比起Ⅳ更愿意选择Ⅲ)并不简单地在行动,‘好像’他们对正在讨论的事件赋予了数字的或者甚至定性的概率。对他们来说,这正如有别的方法来指导行动。”[51]656

雷法在研究了萨维奇理论之后认为自己是接受萨维奇理论的,他说:“特别地,我发现,在由上面的作者引用的例子中,在某种意义上我希望自己的行为表现与萨维奇的行为的规范性规定相一致。”[55]690在对埃尔斯伯格提到的例子进行深入的研究后,他发现确实大多数熟知主观期望效用理论的人做出了违背该理论的选择,当对他们指出他们的行为和确定事件原则不相一致后,这些人中的许多不愿意改变自己的选择。不过,雷法并不因此就认为埃尔斯伯格所言就是合理的。他认为在一开始他会同意从大多数人(他自己也包括在这类人中)中不难得出对这个问题的不一致的回答:“但是,我想重申,这也是这些作者所强调的,萨维奇的理论不是一个对行为描述性的或者预言性的理论。它是一个目的在于建议相信它的人在复杂的情形下应该如何行为的理论,倘若他能在一个相对简单的、不复杂的情形下,在一种一致的意义上做出选择。”[55]690相反,他对埃尔斯伯格的第二个例子进行了新的解释[55]694。

假定现在有两个可供比较的选项(如表5-3)。在选项A中,一个均匀的无偏心的硬币被投掷,如果正面朝上,那么行为Ⅰ被选择;相反,如果反面朝上，那么行为Ⅳ被选择。在选项B中，如果正面朝上，那么行为Ⅱ被选择；相反，如果反面朝上，那么行为Ⅲ被选择。因为，你是更偏爱行为Ⅰ而不是行为Ⅱ，并且更偏爱行为Ⅳ而不是行为Ⅲ，所以通过占优原则，选项A是你首选的。现在，对选项A和选项B进行仔细的分析后，会发现两个选项最终的结果依赖于硬币的投掷和球的选择（如图5-5）。

在选项A中，当一个红球被取出时，如果硬币的正面朝上，那么选择行为Ⅰ，可以得到$100；如果硬币的反面朝上，那么选择行为Ⅳ，这将得到$0。因此，当红球被取出时，我们有一个客观的50比50的机会得到$100。在选项$B$中，当一个红球被取出时，如果硬币的正面朝上，那么选择行为Ⅱ，这将得到$0；如果硬币的反面朝上，那么选择行为Ⅲ，可以得到$100，因此，当红球被取出时，也有一个客观的50比50的机会得到$100。当黑球或者黄球被取出，我们可以进行同样的分析得到相同的结果，所以，这个推理应该能够让每个人坚持选项A和选项B在客观上是相同的。因此，埃尔斯伯格的偏好是不合理的。

表5-3　供比较的两个选项

	正面朝上	反面朝上
选项A	行为Ⅰ	行为Ⅳ
选项B	行为Ⅱ	行为Ⅲ

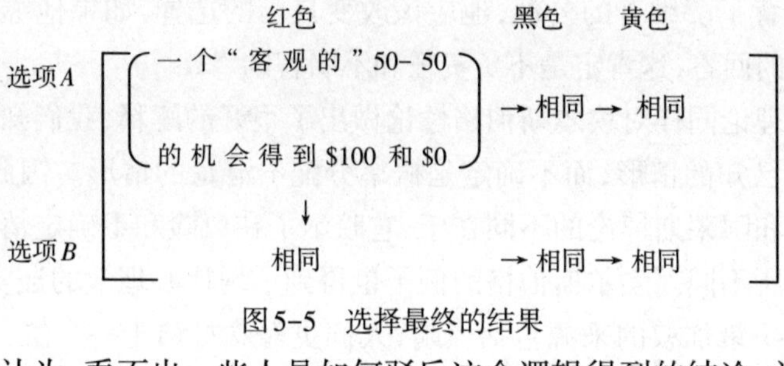

图5-5　选择最终的结果

雷法认为，看不出一些人是如何驳斥这个逻辑得到的结论，并且他说："事实很清楚地证明了一个理论是多么重要，他能够用来指导在不确定情形下的决策。如果大多数人们的行为在某种意义上都大概和萨维奇的理论相一致，那么理论将获得作为一个描述性理论的地位，不过将失去很多它的规范性的重要性。我们将不需要教人们怎么做，一切都是自然而然

的。但是，正如不是大多数人都这样，我们必须去教他们，帮助他们指出这个需要。”[55]690-691

萨维奇在1967年也指出，他的偏好理论虽然不是完全正确，也是近似正确，他认为依据奖金与事件联系的概率测度，是与人们对不确定事件的态度和可能的行为密切联系的，并且他说：“在什么意义上，这个理论是规范的？它的意思是一个沉思的人发现自己将要做出与理论相冲突的行为，他将重新思考，并且一些沉思的人确实发现理论是强制性的，他们半信半疑地接受。我感觉到强制性，但是不能很清楚地理解。”[56]他认为应该对这种违反事实的结论进行哲学的思考。在1970年，萨维奇再次表示，贝叶斯统计学是建立在行为规范的理论之上，因此行为表现是否一致是很重要的，这一点在经济学、哲学和心理学中都已经被重视，因为“至少在我们如何行为和我们应该如何行为之间有着一些联系”[57]。更重要的是，作为一种规范的行为理论可以帮助个体和组织的行为更一致。

罗伯茨一再强调个体的行为应该规范，贝叶斯决策理论规范的价值是伟大的。在分析了埃尔斯伯格的第一个例子后，他认为差不多每个人在对概率估计清楚时会接受萨维奇的公理。之所以会出现一个人的回答违背公理的情形，是因为这个人没有对埃尔斯伯格所提出的问题进行认真的考虑和推断，结果在回答时出现了错误。既然这样，当一个人发现自己最初的回答违背了萨维奇的公理，他应该改变自己的选择，如果他继续顽固地坚持最初的回答，这肯定是不负责任和不明智的[58]。

前景理论同样对埃尔斯伯格悖论做出了很好的解释，我们知道风险是概率分配已知的情形，而不确定是概率分配不清楚的情形。因此，埃尔斯伯格悖论和阿莱斯悖论的不同在于，它暗示了在风险和不确定情形下的决策应该有所不同。埃尔斯伯格的例子也得到了现代心理学的证实，前景理论就认为决策加权的来源包括风险，人们更喜欢打赌于一个缸，它的里面装了相等数目的红球和黑球，而不喜欢打赌另外一个装了未知数目红球和黑球的缸。更通常地，人们的偏好不仅依赖于他们的不确定程度，而且依赖于不确定的来源，这种现象被称为来源相依（Source dependence）。

特韦尔斯凯认为，来源相依有来源偏好和来源敏感性两个方面。来源偏好因为损失减小加权函数，因为赢利增加加权函数，在埃尔斯伯格的例子中，人们对于已知概率的缸的偏好优于未知概率的缸正好阐明了这个关系。并且特韦尔斯凯提出："人们对不确定比对风险的敏感较小的调查结果显示了不确定增强了从期望效用的背离。……最终，人们经常更喜欢打赌于未知概率，而不是打赌于已知概率的观察资料需要对结论重新评估，这个结论通常来自埃尔斯伯格的例子。当他们感觉消息不灵通或者是无能力的时候，人们更喜欢风险而不是不确定。但是在其他的情形下，人们经常打赌于不确定的来源（例如，体育或者天气）而不是风险。"[59]这样一来，埃尔斯伯格所言的人们决策的时候有着别的方法来指导的想法就可以通过前景理论来说明。

总之，建立在严格的行为实验基础之上的前景理论认为并不能用完全的理性来规范人们实际的行为，主观期望效用理论的一些理性的假设并不成立，实际上，人们的行为选择要受到心理因素的影响，是受理性和心理因素共同作用的结果。例如，前景理论指出：如果一个人事先买了一张价值200元的演唱会门票，在去看演出的路上，他发现这张门票丢掉了，根据调查结果发现大多数人不愿意再花200元去另外买一张门票。但是如果一个人刚刚买了一张价值200元的电话卡，在准备去看演出的路上，他发现这张电话卡丢掉了，根据调查结果发现，大多数人仍然愿意花200元买一张门票看演出。而实际上200元的门票和200元的电话卡是价值相同的。再例如，当人们面临这样两种选择的时候：*A*.100%会得到1 000元；*B*.有50%的可能会得到2 000元，同时有50%的可能会什么都得不到。大多数人会选择*A*。但是当人们面临下面这两种选择的时候：*A*.100%会失去1 000元；*B*.有50%的可能会失去2 000元，同时有50%的可能什么都不会失去。大多数人会选择*B*。而我们知道，实际上，下面这两个选择其实和上面两个选择是相同的。因为：如果假设事先得到了2 000元，那么100%会失去1 000元其实就是100%最终得到1 000元；有50%的可能会失去2 000元其实就是有50%的可能最终什么都得不到，而有50%的可能会失去2 000元，其实就是有50%的可能最终会得到2 000元。所以这只能表明人们在面对获得和面对损失时进行选择受心理因素影响，在面对获得的时候，人们会趋向小心，而面对损失的时候，人们有趋向风险的偏好。前景理论的这些成果已经得到了现代心理学的认同，不仅可以解释人们实际行为偏离理性预测的原因,而且行为决策理论指明了新的对行为进行描述性研究的方向。

5.3 逻辑学视野里的决策悖论

从逻辑学视野来看,严格意义上的逻辑悖论应该同时具有三个要素:即公认正确的背景知识、严密无误的逻辑推导、可以建立矛盾等价式。如果不能同时满足这三个要素,那么不能称之为逻辑悖论。其中有些"悖论"虽然具有悖论的结构特征,但是不满足"公认正确的背景知识"这一要素的情况,称之为悖论的拟化形式[60]7-9。实际上,从逻辑学视野来看,阿莱斯悖论和埃尔斯伯格悖论就只能被称为悖论的拟化形式,它们不属于严格的逻辑悖论,至多只能将它们归入广义逻辑悖论的范畴。它们也不应该是经济学的悖论,只能是针对有着理性人假定的主观期望效用理论的悖论。

5.3.1 阿莱斯悖论是非严格的逻辑悖论

1952年,为了研究人们在不确定情形下的决策行为,阿莱斯设计了一个包括两组实验的例子。通过这个实例,可以分析出,在行为决策中人们实际行为的选择并不遵循主观期望效用理论,也就是说,用主观期望效用理论来规范人们的行为并不合适。所以,经济学家将之称为阿莱斯悖论,用来向主观期望效用理论挑战。我们先分析从中能否严密无误地推出矛盾等价式这一悖论构成要素。阿莱斯的例子主要是针对主观期望效用理论中的确定事件原则,是用来显示确定事件原则的虚假性。既然如此,那么建构矛盾等价式的着眼点可以先放在:"确定事件原则为真",当且仅当,"确定事件原则为假"。

前提条件为:

①主观期望效用理论正确(此处具体涉及:理性人是根据主观期望效用最大化进行决策的;总的效用值等于对每个事件的主观期望效用值的线性相加,即 $U_D+0.89U(100)=U_B$, $U_C+0.89U(100)=U_A$;确定事件原则正确,可以直观地理解为,在效用不等式的两边可以同时加上共同的值,原不等式依然成立);

②在第一组实验中,大多数个体选择了A而没有选择B,即 $U_A>U_B$;

③在第二组实验中，大多数个体选择了D而没有选择C。

第一步，由确定事件原则为真，推出确定事件原则为假。

由条件①和②，可知$U_A > U_B$。

由条件①和③，可得$U_D > U_C$。

因为效用值可以线性相加，所以$U_B - 0.89U(100) > U_A - 0.89U(100)$。

如果确定事件原则为真，那么从上式可推出$U_B > U_A$。

因为这与$U_A > U_B$不一致，推理错误，所以说明确定事件原则为假。

这样一来，可得到结论：如果确定事件原则为真，可推出确定事件原则为假。

第二步，由确定事件原则为假，推出确定事件原则为真。

对于第二步推理是否成立的分析，可以分别从两个角度来考虑。

第一个角度的论证可以表述为：由第一步知，由$U_D > U_C$。加上确定事件原则为假，则推不出$U_B > U_A$。因此要完成第二步推理，必须使得结论（推不出$U_B > U_A$）与前提条件$U_A > U_B$不一致。

因为，如果仅仅由以上给出的条件是不够的，必须加上一个假设$U_A = U_B$。但是，由主观期望效用理论可知，这个假设本身是不成立的。所以，最终得到的结论只能是第二步不能被完成，即由确定事件原则为假，推不出确定事件原则为真。

对此，我们也可以换一个角度来论证第二步不能完成。

如果先假设确定事件原则正确，那么由$U_D > U_C$，可得到$U_B > U_A$，即$U_D + 0.89U(100) > U_C + 0.89U(100)$。然后，假设确定事件原则为假，这样就推不出$U_D > U_C$。而$U_D > U_C$，因此，可以得到确定事件原则为真。但是，可以看到，这种证明是通过事先假设了确定事件原则为真来循环论证的。因此，从反向思考，这恰恰说明不可能完成第二步。

综合以上第一步和第二步的结果，可得出“推不出严格无误的矛盾等价式”。

其实，阿莱斯悖论之所以不是逻辑悖论，究其真正原因在于同一背景知识的不正确。这个结论，我们可以从使用归缪法得到矛盾等价式的分析中得到证实。

通过归缪法得到矛盾等价式的分析如下。

同一背景知识为：完全理性人的假定正确，或者说，假定主观期望效用理论正确（“理性人是根据期望效用最大化进行决策”，“效用值可线性相加”和“确定事件原则”自然也正确）。

经验事实为：在第一组实验中，大多数个体选择了A而没有选择B。在第二组实验中，大多数个体选择了D而没有选择C。

第一步，由于在第一组实验中，大多数个体选择了A而没有选择B。所以由背景知识，可推出$U_B < U_A$。

第二步，由背景知识（效用值可线性相加），可得$U_D = U_B - 0.89U(100)$，$U_C = U_A - 0.89U(100)$。

由于在第二组实验中，大多数个体选择了D而没有选择C。所以由背景知识（期望效用最大化进行决策），可推出$U_D > U_C$，即$U_B - 0.89U(100) > U_A - 0.89U(100)$。

然后，根据背景知识（确定事件原则），可推出$U_B > U_A$。此式与第一步得到的$U_B < U_A$相矛盾（不考虑$U_A = U_B$这个假定）。

因此，通过以上同一背景知识得到矛盾等价式。

这样一来，问题的关键就转化为以上的背景知识是不是公认正确的背景知识。如果是的话，那么阿莱斯悖论就是严格意义上的逻辑悖论。如果不是，则它不是严格意义上的逻辑悖论，而是公认正确的背景知识的模糊性导致了这种悖论本质上的相对性。

其实，公认正确的背景知识是一个要涉及认知主体的概念。“‘公认’总是为某一领域的认知共同体所公认，因而任一悖论都相对于一定领域的认知共同体而言。……其中的‘背景知识’既可以是人们公认的明晰知识，也可以是认知共同体不自觉地使用的预设。尽管这个一般概念是模糊的，但落实到每个具体悖论的构造，其由以导出的背景知识，是能够以特定认知领域相适应的严格性，明确而非含混地予以揭示的。”[60]11

在这里，我们可以看到，完全理性人的假设并不是经济学家共同体所公认正确的背景知识。例如，阿莱斯提出这个实例的本意就是要反对主观期望效用理论用所谓的理性人作为决策理论的基本假定。因为他认为，从公众的观点看这是错误的，理性人所选择的最佳情形是不可以被最大期望值定义的,人们在实际决策的时候是有某种心理因素在起作用。西蒙则明确地提出了有限理性的理论,认为人的认知能力应该是有限的,现实生活中的决策者介于完全理性与非理性之间。卡尼曼和特韦尔斯凯更是提出,在不确定情形下人们的行为选择要受到心理因素的影响,人们在实际决策中的决策权重不是概率,也不服从概率公理。同样持有主观概率论思想的奥地利经济学派的沙克尔则早在1949年就开辟了一条由非帕斯卡概率理论,来研究个人选择不确定性的方向。也就是说,逻辑全知和概率全知并不是公认的知识。这里的"公认"至多是针对帕斯卡概率论者而言的。例如,萨维奇、摩根斯顿等。因此,如果说阿莱斯悖论是逻辑悖论也只能是针对持有完全理性人假定的人而言,对于其他的人来说,至多称之为广义的逻辑悖论。

5.3.2 埃尔斯伯格悖论是非严格的逻辑悖论

1961年,埃尔斯伯格也提出了两个针对主观期望效用理论的例子。从前文我们已经知道,他的第二个例子是直接针对确定事件原则的,对它的分析和阿莱斯悖论相同,可得出它不是严格意义上的逻辑悖论。下面我们只对他的第一个提问式的例子进行分析。

为便于分析,先把这个例子简化。

已知条件为:

①缸Ⅱ中有红球50个和黑球50个,即 $P_{红Ⅱ}=P_{黑Ⅱ}$;

②缸Ⅰ中有红球和黑球共100个,即 $P_{红Ⅰ}$ 和 $P_{黑Ⅰ}$ 不确定;

③概率公理: $P_{红Ⅰ}+P_{黑Ⅰ}=1$, $P_{红Ⅱ}+P_{黑Ⅱ}=1$。

提问结果为:

①大多数人赌红Ⅰ和黑Ⅰ出现的机会相等,红Ⅱ和黑Ⅱ出现的机会相等;

②大多数人赌红Ⅱ出现的机会比红Ⅰ大,黑Ⅱ出现的机会比黑Ⅰ大。

悖论分析:

①大多数人赌红Ⅱ比红Ⅰ出现的机会大,说明大多数人认为 $P_{红Ⅱ}>P_{红Ⅰ}$。而由已知条件①和③,可得 $P_{红Ⅱ}=0.5$。所以可推出 $P_{红Ⅰ}<0.5$;

②大多数人赌黑Ⅱ比黑Ⅰ出现的机会大，说明大多数人认为 $P_{黑Ⅱ}>P_{黑Ⅰ}$，而由已知条件①和③，可得 $P_{黑Ⅱ}=0.5$。所以可推出 $P_{黑Ⅰ}<0.5$。此时，由已知条件③，可推出 $P_{红Ⅰ}>0.5$。

从上面的分析可以看出，之所以通过严密无误的逻辑推导，建立了矛盾等价式，是因为假定了现实中的人都是完全理性的，理性人的信念满足概率公理。因此，这里的同一背景知识和阿莱斯悖论所依据的同一的背景知识，在实质上相同。而我们已经知道，这个背景知识的正确只是针对经济学领域特定的共同体而言，对其他人而言，这个假设不一定被认为正确。例如，对非帕斯卡概率论者来说，帕斯卡概率公理并不成立。因此埃尔斯伯格悖论也不是严格意义上的逻辑悖论，至多只能是一个广义上的逻辑悖论。

虽然阿莱斯悖论和埃尔斯伯格悖论不是严格意义上的逻辑悖论，但是，它们表明：在不确定的情形下，人的行为决策存在非理性。这使得经济学家开始重新审视经济行为中的完全理性人假设。经济学家对经济学的研究，不再全部以理性决策为基础，还研究决策中的非理性。因此，阿莱斯悖论和埃尔斯伯格悖论对促进决策理论的发展起到了杠杆作用，引领经济学家更多地关注非理性在不确定条件下对决策的影响，从而把不确定情形下个人决策行为的研究向前推进了一大步。

当然，主观主义概率观在实际运用中的合理性遭到了怀疑。不过，出于对主观主义概率的主观基础有着合理性的考虑，人们在对实际行为进行决策时，行为应该规范，即虽然主观期望效用理论不是严密正确，但是个体的行为表现是否一致，是否规范很重要，至少作为一种规范的行为理论可以帮助个体和组织的行为更一致。当然，对其中与实际不符合的一些理性假设也应该加以修正。

参考文献

[1] 郁慕镛.科学定律的发现[M].杭州:浙江科学技术出版社,1990:178-179.

[2] GILLIES D.Philosophical theories of probability[M].London:Taylor & Francis Group,2000.

[3] 帕斯卡尔.帕斯卡尔思想录[M].何兆武,译.天津:天津人民出版社,2007:120-121.

[4] HACKING I.The emergence of probability[M].Cambridge:Cambridge University Press,1975.

[5] SAVAGE L J.The foundations of statistics[M].New York:John Wiley and Sons,Inc.,1954.

[6] 陈希孺.数理统计学小史[J].数理统计与管理,1998,17(2):65.

[7] S·詹姆士·普雷斯,等.贝叶斯统计学——原理、模型及应用[M].廖文,陈安贵,等译.北京:中国统计出版社,1992.

[8] HACKING I. Logic of statistical inference[M].Cambridge:Cambridge University Press,1965.

[9] 邓生庆.归纳逻辑——从古典向现代类型的演进[M].成都:四川大学出版社,1991.

[10] 洛克.人类理解论[M].北京:商务印书馆,1983:652-653.

[11] 陈希孺.数理统计学小史[J].数理统计与管理,1998,17(3):62.

[12] 江天骥.科学哲学名著选读[M].长沙:湖北人民出版社,1988.

[13] GOOD I J.Good thinking:the foundations of probability and its applications[M].Minneapolis:The University of Minnesota,1983.

[14] LAD F.The construction of probability theory:a Marxist discussion[J].Sci-

ence & Society,1983,147(3):297.

[15] MISES R V.Probability, statistics and truth[M].London:George Allen and Unwin Ltd.,1957.

[16] REICHENBACH H.The theory of probability[M].Cambridge:Cambridge University Press,1949.

[17] 李小五.现代归纳逻辑与概率逻辑[M].北京:科学出版社,1992:27.

[18] 陈晓平.归纳逻辑与归纳悖论[M].武汉:武汉大学出版社,1994:192.

[19] 熊立文.现代归纳逻辑的发展[M].北京:人民出版社,2004:68.

[20] 江天骥.归纳逻辑导论[M].长沙:湖南人民出版社,1987.

[21] 卡尔·波普尔.波普尔思想自述[M].赵月瑟,译.上海:上海译文出版社,1988.

[22] 卡尔·波普尔.走向进化的知识论[M].李本正,范景中,译.杭州:中国美术学院出版社,2001.

[23] K.R.波珀.科学发现的逻辑[M].查汝强,邱仁宗,译.北京:科学出版社,1986:179.

[24] POPPER K R.The propensity interpretation of probability[J].The British Journal for the Philosophy of Science,1959,10(37).

[25] POPPER K R. Realism and the aim of science[M].London:Routledge,1983:355-356.

[26] JAMES H F.Dispositional probabilities[J].Proceedings of the Biennial Meeting of the Philosophy of Science Association,1970(1970):474.

[27] 卡尔·波普尔.客观知识——一个进化论的研究[M].舒炜光,卓如飞,梁咏新,等译.上海:上海译文出版社,1987:231.

[28] HUMPHREYS P.Why propensities cannot be probabilities[J].The Philosophical Review,1985(94):557-570.

[29] RUDOLF C.The Two concepts of probability:the problem of probability[J].Philosophy and Phenomenological Research,1945,5(4).

[30] 王雨田.归纳逻辑导引[M].上海:上海人民出版社,1992.

[31] KYBURG H E.Subjective probability:criticisms,reflections,and problems[J].Journal of Philosophical Logic,1978(7):157-180.

[32] KEYNES J M.A treatise on probability[M].London: Macmillan and Co., Limited, 1921.

[33] GILLIES D.Intersubjective probability and confirmation theory[J]. The British Journal for the Philosophy of Science, 1991, 42(4): 513-533.

[34] 陈晓平.大弃赌定理及其哲学意蕴[J].自然辩证法通讯, 1997(2): 1-9.

[35] CIFARELLI D M, REGAZZINI E.De Finetti' contribution to probability and statistics[J]. Statistical Science, 1996, 11(4).

[36] FINETTI B D.Theory of probability: a critical introductory treatment[M]. New York: JohnWiley & Sons Ltd., 1990.

[37] FINETTI B D.Therole of "Dutch Book" and of "Proper Scoring Rules"[J]. The British Journal for the Philosophy of Science, 1981, 32(1).

[38] GILLIES D.The Subjective theory of probability[J].The British Journal for the philosophy of science, 1972, 23(2).

[39] HINTIKKA J.Unknown probabilities, Bayesianism, and De Finetti's representation theorem[J]. PSA: Proceedings of the Biennial Meeting of the Philosophy of Science Association, 1970(1970).

[40] HAMAKER H C.Subjective probabilities and exchangeability form an objective point of view[J].International Statistical Review, 1977, 45(3): 223
.

[41] FINETTI B D.Probability and exchangeability form a subjective point of view[J]. International Statistical Review, 1979, 47(2).

[42] SCHICK F.Dutch bookies and money pumps[J]. The Journal of Philosophy, 1986, 83(2): 112-114.

[43] HEILIG K.Carnap and De Finetti on bets and the probability of singular events: the Dutch book argument reconsidered[J]. The British Journal for the Philosophy of Science, 1978, 29(4): 340.

[44] RYDER J M.Consequences of a simple extension of the Dutch book argument[J].The British Journal for the Philosophy of Science, 1981, 32(2): 166.

[45] CHRISTENSEN D.Dutch-Book arguments depragmatized: epistemic con-

sistency for partial believers[J].The Journal of Philosophy，1996，93(9).
[46] SALMON W C.The foundations of scientific inference[J].Pittsburgh：University of Pittsburgh Press，1966：215.
[47] HACKING I.Slightly more realistic personal probability[J].Philosophy of Science，1967，34(4)：314.
[48] CHRISTENSEN D.Clever book and coherent belief[J].The Philosophical Review，1991，100(2)：229-247.
[49] 潘介人.决策分析中的效用理论[M].上海：上海交通大学出版社，2000.
[50] 潘天群.社会决策的逻辑结构研究[M].北京：中国社会科学出版社，2003：6.
[51] ELLSBERG D. Risk，ambiguity，and the Savage axioms[J].The Quarterly Journal of Economics，1961，75(4).
[52] ALLAIS M.An outline of my main contributions to economic science[J].The American Economic Review，1997,87(6)：6.
[53] KAHNEMAN D，TVERSKY A.Prospect theory：an analysis of decision under risk[J].Econometrica，1979，47(2).
[54] SHAFER G R.Expected utility hypotheses and Allais paradox[J].Journal of the American Statistical Association，1984，79(385)：224-225.
[55] RAIFFA H.Risk，Ambiguity，and the Savage axioms：comment[J].The Quarterly Journal of Economics，1961，75(4).
[56] SAVAGE L J.Difficulties in the theory of personal probability[J].Philosophy of Science，1967，34(4)：308.
[57] SAVAGE L J.Reading suggestions for the foundations of statistics[J].The American Statistician，1970，24(4)：23.
[58] ROBERTS H V.Risk，ambiguity，and the Savage axioms：comment[J].The Quarterly Journal of Economics，1963，77(2)：335-336.
[59] TVERSKY A，WAKKER P.Risk attitudes and decision weights[J].Econometrica，1995，63(6)：1273-1274.
[60] 张建军.逻辑悖论研究引论[M].南京：南京大学出版社，2002.